吴甘霖作为主要嘉宾,在中国培训论坛做重要讲座

吴甘霖为黄金搭档培训后与该集团创始人、著名企业家史玉柱交流

各地纷纷邀请吴甘霖开设管理素质特训营

吴甘霖为国家核电技术公司进行"好员工如何自我管理"培训

吴甘霖、邓小兰为上市公司九阳集团进行"新任经理管理培训"

各地职业经理人培训机构邀请吴甘霖开设大型管理讲座

吴甘霖应邀为中国十大都市报之一的《重庆晨报》社做管理培训,与时任该报总编辑的张永才先生交流

吴甘霖为济南钢厂培训员工

吴甘霖为清华大学开设21世纪管理思维创新班

部队也喜欢邀请吴甘霖上有关管理课

吴甘霖为中国移动公司做"方法总比问题多"培训

吴甘霖为上市公司如意集团进行培训

吴甘霖为大学生做"如何成为单位最需要的员工"讲座

好员工就能自我管理

如何成为负责而高效的"自觉型员工"

吴甘霖 邓小兰 著

机械工业出版社
CHINA MACHINE PRESS

这是国内第一部通过提升自我管理能力以培养"自觉型员工"的著作,是著名自主管理教育家、方法学家吴甘霖在出版百万级畅销书《方法总比问题多》后的"十年磨一剑"之作,以全新理念与更有效的方法,培养既负责又高效、"不要别人逼,自己就做好;不需别人问,自己早做好"的一流员工。

本书颠覆通常认为管理只是管理者应具能力的认知,明确提出想"成为了不起的'牛人',当员工时就该学习自我管理""越早学会自我管理,越早成就非凡自我;越能学会自我管理,越能成为单位栋梁",并从管理好动机、目标、角色、执行、效率、人际关系、风险7个方面,让员工掌握自我管理的主要方法,并从调整心态、改善方法、养成习惯3个方面,让员工从不会自我管理到成为自我管理高手。本书理念先进、案例鲜活、操作性很强,是快速提升员工素养的必读之作。

本书适合希望自己有更快发展的员工阅读,更适合希望通过提升员工素养以提升团队绩效的单位推荐阅读,是新时期员工培训团购首选图书。

图书在版编目(CIP)数据

好员工就能自我管理/吴甘霖,邓小兰著. —北京:机械工业出版社,2019.3
ISBN 978-7-111-62043-3

Ⅰ.①好… Ⅱ.①吴… ②邓… Ⅲ.①自我管理 Ⅳ.①C912.1

中国版本图书馆CIP数据核字(2019)第029941号

机械工业出版社(北京市百万庄大街22号 邮政编码100037)
责任编辑:李新妞 责任校对:李 伟
责任印制:邹 敏
北京圣夫亚美印刷有限公司印刷
2019年4月第1版第1次印刷
145mm×210mm・8.125印张・2插页・162千字
标准书号:ISBN 978-7-111-62043-3
定价:42.00元

凡购本书,如有缺页、倒页、脱页,由本社发行部调换

电话服务　　　　　　　　　　　　网络服务
服务咨询热线:(010)88361066　　机工官网:www.cmpbook.com
读者购书热线:(010)68326294　　机工官博:weibo.com/cmp1952
　　　　　　　　　　　　　　　　金 书 网:www.golden-book.com
封面无防伪标均为盗版　　　　　教育服务网:www.cmpedu.com

序　做负责而高效的"自觉型员工"

吴甘霖　邓小兰

这是一本有点颠覆常识的书。因为，在许多人的印象中，管理只与管理者有关，与员工没有什么关系。

但是，对期望能更好地在单位脱颖而出、赢得更多回报和更多机会的你来说，这的确是一本为你提供个人成长"金钥匙"的书。

因为，通过本书的阅读，你应会得出这样的结论：

越早学会自我管理，越早成就非凡自我。

越能学会自我管理，越能成为单位栋梁。

众所周知，在管理学中对"自我管理"的重视，最早来源于"现代管理之父"彼得·德鲁克。在其代表作《卓有成效的管理者》中，他格外强调作为一个优秀的管理者，必须把自我管理作为管理的关键内容来学习。因为，如果管理者无法搞好自我管理，就无法管理好别人。

但是，自我管理仅仅适合管理者，而不适合广大的员工吗？通过对众多单位的研究，尤其是对谷歌、华为等著名企业的研究，以及探索一些杰出人物的发展经历，我们完全可以得出这样的结论：

自我管理并不是管理者的"专利",同样是优秀员工应具备的重要素养。

不仅如此,对自我管理的重视,已经成为一种时代的趋势和重要的职场法则。把握了这种趋势和法则,你可能因此一日千里;忽视这种趋势和法则,你就可能被淘汰。

10多年前,本书作者曾出版百万级畅销书《方法总比问题多》一书,强调"只为成功找方法,不为失败找借口",倡导大家成为"不找借口找方法"的优秀员工。

10多年过去了,各种形势在变化,社会的要求也在变化,优秀员工的标准,也得"与时俱进"了。

我们认为:当今最优秀的员工,必然是被自我管理武装、兼具负责和高效两大优点的"自觉型员工"。这正是当今任何单位最需要的员工。

本书共分三个单元,全面探究如何学会自我管理。

第一单元:越早学会管理好自我,越能成就非凡自我

在这里,你不仅可以看到像卫哲这种因为在当秘书时就会自我管理的员工最终成为全国著名经理人的故事,也可以看到自我管理是谷歌等著名企业打造一流团队的要求,从而明白"自我管理的人在奔跑,不自我管理的人在流浪""想成为了不起的'牛人',当员工时就该学习自我管理",更进一步懂得"自我管理不是压抑自我,而是更好地实现自我"。

有了这样的认识,你就能提高学习自我管理的积极性。

第二单元：好员工如何进行自我管理

从如何管理好动机、目标、角色、执行、效率、人际关系和风险7个重要方面，全面系统地学习如何自我管理。

通过本单元的学习，你会学到从"要我干"到"我要干"的主动精神，"不要别人逼，自己就做好；不需别人问，自己早做好"，而且能从低效、无效的"努力"中解放出来，成为最有效率的员工，并控制风险、处理好人际关系，真正做到"出彩不出事"。

第三单元：从不会自我管理到成为自我管理高手

对许多员工而言，不仅缺乏自我管理的意识，也缺乏自我管理的能力。但这不要紧，"没有不能，只有不肯"，只要你按单元所引导的方式，从调整心态、改善方法、改变习惯三方面入手，你就很容易实现从不会自我管理到成为自我管理高手的超越。

据了解，这应该是中国第一本全方位探究如何将自我管理的理念和方法用于提高员工素养的著作。本书的许多内容，我们已经在为不少单位进行培训时讲过，众多领导和员工反映：让广大员工学会自我管理，具有开创性的意义。不仅对员工个人发展有利，更对打造一流团队，提高单位绩效，具有明显的效果。

不仅如此，我们也在自己的团队建设甚至家庭教育中进行自我管理的实践，同样取得了立竿见影的效果。如本书作者之一的吴甘霖，在自己的儿子吴牧天小学时，就对他进行自我管理的训练，结果让他从一个"调皮王"成为广受青少年欢迎的"自主管理明星"，申请到美国重点大学。吴牧天根据自己经历所写的《管好自己就能飞》，发行上百万册。中央电视台新闻频道还予以报道。现在，吴牧天刚毕业就成为某著名企业集团的产品经理。在感到自己一进入职场就深受重视、能大展宏图之际，他最感谢和欣慰的事情之一，是自己能早早开始自我管理的学习。

本书中所写到的"自我管理最重要的三句话"，是吴牧天在美国学习期间总结的自我管理智慧，大家可以好好借鉴。

在写这本书时，为使广大读者更有收获，我们延续了以往写作经管励志类畅销书的特点，那就是将独特的观点、鲜活的案例与有效的方法相结合，力求让大家"喜欢看，记得住，用得上"。

在本书出版之际，我们留心到几则值得大家重视的新闻：

华为集团的创始人任正非，与新东方学校的校长俞敏洪，不约而同地提出要在单位里"淘汰平庸员工"。

俞敏洪甚至这样强调：

"新东方需要做两件事情：精兵+强将。"

"要实现末位淘汰制，每年5%～10%左右的人员淘汰率，确保优秀人才的留存，不适合人才的淘汰；加大薪酬差距，对于能干的人、做贡献的人实行更好的激励。"

"要放弃平庸的员工……不挤出平庸的人，新东方就会不断平庸；没有优秀人才，新东方就没有活力。"

这样的新闻，实际上在给大家传达一个明确的信息：

拒绝平庸，淘汰平庸，这会越来越成为各个单位对员工的普遍要求。

这个社会，也正越来越逼迫你学会优秀。

自我管理，正是让员工从平庸走向优秀的必由之路。越是一流的单位，越重视自我管理。越有活力和发展前景的单位，越要求员工进行自我管理。

希望你从本书中学习自我管理的有关法则和方法，从而以最快速度，成为单位最需要的"自觉型员工"。

序 做负责而高效的"自觉型员工"

第一单元 越早学会管理好自我,越能成就非凡自我

第一章 自我管理的人在奔跑,不自我管理的人在流浪 /3

一、当很多人觉得梦想遥不可及,自我管理的人
已美梦成真 /4

二、自我管理多一寸,工作成效增一丈 /16

三、越是一流的单位,越重视员工自我管理 /22

四、哪怕是每天多一点点自我管理,都能让你很快拉开
与他人的距离 /28

第二章 想成为了不起的"牛人",当员工时就该学习自我
管理 /33

一、你至少领导着你自己 /34

二、没有卑微的工作,只有把工作卑微化的人 /39

三、争当解决问题高手,绝对不当"职场怨妇" /44

四、与其老念"跳槽经",不如读好"岗位成功学" /49

第三章　自我管理不是压抑自我，而是更好地实现自我　/55

一、成长来自肯定，成熟来自"折磨"　/56

二、越自律，越成功　/62

三、越有"空杯心态"，越有非凡超越　/68

第二单元　好员工如何进行自我管理

第四章　管理好动机：从"要我干"到"我要干"　/75

一、"自燃型员工"最走红　/76

二、不要别人逼，自己就做好；不需别人问，自己早做好　/82

三、先让你的付出超过报酬，然后你的报酬就会超过付出　/87

第五章　管理好目标：制心一处，无事不办　/93

一、成功学的第一要点，是把梦想转化为目标　/94

二、走出"间歇性踌躇满志，持续性懒惰依旧"的恶性循环　/101

三、紧盯目标，不在影响目标的烂事上纠缠　/105

第六章　管理好角色：不缺位、不越位、能补位　/109

一、不缺位：当好自己岗位的"负责人"　/110

二、不越位：不要任意逾越"边界"　/113

三、能补位：你是员工，但你更是单位的主人 /116

四、不当"奴才"，不当"刺才"，争当"良才" /120

第七章　管理好执行：不仅要做事，更要做成事 /125

一、平庸者满足于"做了"，优秀者总是保证"做好" /126

二、学会"结果思维"，工作才会"一抓到底" /133

三、不放过任何一个细节，不放过任何一个环节 /136

第八章　管理好效率：不重苦劳重功劳 /143

一、别再用"勤奋"掩盖无效努力 /144

二、从用手办事到用脑办事 /149

三、与"拖延症"果断告别 /153

四、做一个优秀的"时间管理者" /155

第九章　管理好人际关系：让助力多起来，让阻力少下去 /161

一、越能站在领导高度考虑全局，越能得到领导重视 /162

二、愚者多阻力，智者多助力 /166

三、警惕"高耗能人士的七个习惯" /173

第十章　管理好风险：敬畏是智慧的开端 /177

一、越能懂得敬畏，越能远离风险 /178

二、戒律是制约你的，也是保护你的 /184

三、要想不误事,避免"想当然" /189

第三单元　从不会自我管理到成为自我管理高手

第十一章　通过调整心态学会自我管理 /197

一、这世界不在乎你的自尊,它期望你在自我感觉良好之前有所成就 /198

二、心不难,事就不难 /203

三、少说"没意思",多说"没关系" /207

第十二章　通过改善方法学会自我管理 /213

一、自我管理最重要的三句话 /214

二、掌握"高效工作四法" /219

三、总有更多的方法,总有更好的方法 /224

第十三章　通过养成习惯学会自我管理 /229

一、管理的要点是规范"聪明人" /230

二、问清楚,写下来,说明白 /234

三、凡事有交代,件件有着落,事事有回音 /240

四、让"无条件积极"成为习惯 /245

第一单元

越早学会管理好自我，越能成就非凡自我

第一章　自我管理的人在奔跑，不自我管理的人在流浪

第二章　想成为了不起的"牛人"，当员工时就该学习自我管理

第三章　自我管理不是压抑自我，而是更好地实现自我

第一章

自我管理的人在奔跑，不自我管理的人在流浪

一、当许多人觉得梦想遥不可及，自我管理的人已美梦成真

二、自我管理多一寸，工作成效增一丈

三、越是一流的单位，越重视员工自我管理

四、哪怕是每天多一点点自我管理，都能让你很快拉开与他人的距离

对许多员工而言,"自我管理"是一个似乎很遥远、也没有多少价值的概念。因为在他们印象中,管理是与管理者有关的事。自己是员工,谈什么管理呢?

但实际上,自我管理是每一个员工不仅应该高度重视,而且也要完全做好的事情。不仅如此,如果一个员工在单位和职场想要更好更快地发展,这是最应该培养的素养之一。

无数的事实告诉我们:

学会自我管理的人,往往就像运动员一样,向着目标不断奔跑,往往能很理想地实现目标甚至超越目标。

但不会自我管理的人,就像流浪汉一样四处游荡,不仅发展缓慢,而且不少时候还吃力不讨好。

一、当很多人觉得梦想遥不可及,自我管理的人已美梦成真

(一)开始进行自我管理的时刻,就是驶入"快车道"的时刻

请先看一个从仓库保管员成长为大公司副总裁的故事吧。

我曾经参加世界华商大会,认识一位来自美国公司的常务副总裁。他才四十来岁,却管理着一家资金达几十亿美元的国际企业。在与大家交流时,他分享了自己的奋斗故事:

第一章 自我管理的人在奔跑，不自我管理的人在流浪

他是中国人，学的是企业管理，本科毕业后去了美国。但工作不好找，只能从仓库保管员做起，工作只是简单地收货、卸货、发货，在地下的大仓库里，整天看不到一丝阳光，真是"暗无天日"。

开始的阶段，他十分苦闷并抱怨：我一个大学本科生，为什么干这样的工作？但他一时换不了工作，这样的苦闷与抱怨又毫无作用。终于有一天，他脑海中出现一个新的念头：凭什么说本科生就不能守仓库？怎样守仓库，才能守出本科生的水平？

心态一转化，工作状态也完全变化了。他不再满足于简单地收货、卸货、发货了。他认为：仓库是一个窗口，通过对各种货物的流通速度、周转率等的分析，可以认识到公司的经营状况。如哪些产品周转快，就意味着适销对路，哪些产品周转太慢，就可能是与市场脱节。那么，产品会畅销或滞销的原因是什么呢？与当时的社会背景、市场热点、消费者偏好以及公司的经营管理方式有什么关系呢？

诸如这样的问题，是一般的仓库保管员不会深究更不愿去干的，但他干得有声有色、津津有味。他把自己的分析结论写成报告不断上交。

刚开始，那些报告如同泥牛入海。但他并没有气馁，继续做下去。直到有一次报告被副总裁发现。副总裁觉得他很有想法，守仓库有点大材小用了，便把他调到公司的战略发展部门。他同样干得非常出色。之后不断被重视，职务也不断被提升，10年间

从仓库管理员做到了常务副总裁。

一份看起来"暗无天日"的工作,却被他做得与众不同。即使守仓库,也守出了"企业管理"本科生的水准。他虽然没有学过MBA,但时常被大学请去作MBA讲座。

由这位副总裁的经历,不由让人想起前不久一则"顺丰快递哥成为飞行员"的新闻。

汪勤金来自江西省乐平市,家庭环境很普通,父母都是农民。2009年,抱着改变命运心态的汪勤金来到深圳发展,因为家境不好,自己也没有一技之长,无奈之下选择了送快递。

和所有风里雨里奔跑的快递员一样,汪勤金每天也过着紧张而辛苦的工作。直到有一天,他看到公司的一则告示:

要在快递员中招收飞行员。

不少人只是看看这则告示,好像上面的信息与自己关系不大。但是,汪勤金却对这个消息当真了:既然有这样的机会,为什么不试一试呢?

他报名了!

但是,他遇到的问题很多。首先,他的体能不达标。而且,他的英文基础非常薄弱,对飞机系统的认知更是几乎为零。

但是,他信奉"功夫不负苦心人",愿意付出比别人多很多倍的努力。为此,他不仅锻炼体能,而且每天花十多个小时学英语和机型理论,同时备考雅思。

经过不懈的努力，汪勤金最终因为表现出色而被选中，成了梦寐以求的飞行员！

据报道，顺丰有近400名飞行员(含社招)，但像小汪这样通过内部选拔培养起来的只有大约10人，可以说是万里挑一。

在谈到自己的成功之道时，他说：

"我曾经也是普通快递员中的一个，但我终于掌握了自己的命运。我相信：只要你有目标，然后不断地努力，也能创造人生的奇迹。"

从最普通的快递员，到让很多人羡慕的飞行员。假如你是他，是不是也会为有这样的突破和飞跃而高兴和自豪呢？

上面的两个案例，都是普通员工通过自我管理，彻底提升自己，取得更好更快发展的故事。在他们身上，我们可以看到拥有自我管理能力的员工与众不同的地方：

1. 他们不会随波逐流，而总有一种对自己负责、让人生更精彩、让工作更出色的心理。

2. 他们会尽早找到自己努力的方向与目标。

3. 他们拥有十分积极的心态，不会因为外在条件和自身条件的不足，而打击自己、放弃追求。恰恰相反，他们往往"重环境，更重心境"，不会将时间浪费在无谓的抱怨和等待上，总是以积极主动的态度，去改变环境、提升自我。

4. 他们愿意走出"舒适区"，付出比其他人更多的努力。

懂得自我管理的人，从来都不会停留在"舒适区"，而是根据目标付出更多的努力与汗水。

其实，从来都没有无缘无故的成功。有什么样的选择，就有什么样的人生：

选择了舒适，就是选择了平庸，而选择了挑战自己，也就选择了打开成功之门的钥匙。

自我管理，从来都不会舒适，但正是这种不舒适，才能成就自己。

当然，上述这些，并不足以概括自我管理的方方面面，但仅仅有这几点，就能让他们出类拔萃，让自己成为更有成就也更受欢迎的员工。

实际上，任何员工，只要他开始学习自我管理，他就开始行驶上了发展的"快车道"。

希望你重视这一点，尽快开始进行自我管理的时刻！

（二）越能进行自我管理，越能梦想成真

人生的许多局限，都是从自己内心的限制开始的。

许多人的心中，总是回响着这样的声音："我不敢""我不能""我不行"……

实际上，这些自我设限，只会让自己止步不前，更不要说去实现梦想了。

但是，假如你学会了自我管理，那些束缚自己的声音，就会越来越失去影响力。随着你实践自我管理的能力越来越强，那些

第一章　自我管理的人在奔跑，不自我管理的人在流浪

原来觉得绝对不可能实现的理想，就有可能"梦想成真"。

我们一起来看看江苏卫视金牌主持人孟非的成长经历。

《非诚勿扰》是江苏卫视最受欢迎栏目之一，孟非是该栏目主持人。看到电视上孟非潇洒自信的模样，不少人可能会认为他一定毕业于名牌大学，受过很好的专业教育。

但实际上，他并没有正式进入大学深造过，而他在电视台的起点，只是一个打杂的临时工。

进入电视台之前，高中毕业的孟非曾经打过5年工：送水、拉广告、做保安……后来做小生意又血本无归。

他觉得不能再这样过下去，于是报名参加了南京师范大学中文系专科的函授学习。

后来，孟非得知江苏电视台文艺部体育组要一名接待员。虽然这份工作不过是端茶倒水、接接电话的杂活，但他还是报了名，成为200多名临时工中并不引人注目的一个。

那时孟非已经24岁了。在拿到函授班专科文凭后，他萌生了一个大胆的想法：我不能再打杂，我也要做一名记者！

这在别人看来是一个不可能实现的梦想，但孟非却不这么认为，他决定用自己的方式一步步接近目标：

每天早早来到台里，利用帮记者们打扫卫生的机会熟悉他们的工作流程；如果碰到老记者出去采访需要扛摄像机的活，他总是争着去做……

虽然经常被别的临时工认为"傻"，但他却乐在其中。每次出

去，当天晚上他就会在日记里记下包括"如何学到新的采访技巧""如何更熟悉摄像机的操作""如何更了解社会"等内容。

时间一长,他不仅学到了不少专业知识,也给很多记者留下了很好的印象,扛摄像机的机会也越来越多。

再后来,对于一些小新闻,老记者就开始交给孟非去做。

渐渐的,孟非的名字在电视上出现的次数越来越多。领导看他干的的确不错,也就允许他在做好自己事情的同时,可以出去跑新闻。虽然只是个"临时记者",但他却总是精益求精,经常通宵熬夜做节目,并且自己剪辑、写稿甚至配音。

1996年,孟非作为总摄影参与拍摄了26集专题片《飞向亚特兰大》。该电视片在全国长篇电视专题片评比中荣获二等奖。孟非出色的表现,终于让他转成了正式的记者。

那一刻,孟非哭了。他在当天的日记里写下了这样一句话:"苦难中积聚的力量正一步步地把我引向成功!"

从那以后,孟非的事业越来越顺,他主持的《南京零距离》成了南京老百姓特别喜欢的节目。之后,他又成了收视率很高的《非诚勿扰》的主持人,还被评为"中国最新锐十大主持人"之一。

从打杂的临时工到深受观众喜爱的著名主持人,孟非用自己的经历告诉我们:

1. 只要不给自己设限,就没有什么不可能。

2. 有明确且超越现在的目标。

正如成功学大师拿破仑·希尔指出的:"成功学的第一法则,

就是要把梦想转化为目标。"

只有尽快确定超越现在的目标,行动和能力才有努力的方向,潜能也才会被激发出来。

3. 要重视付出,重视付出就能积累"苦难中积极的力量",就能获得机会。

4. 崇尚"不找借口找方法"的精神,只要下决心找方法,方法往往就会出现。

如果你也能像孟非这样不给自己的人生设限,并且像他这样学会自我管理,你也可能创造像他这样的人生奇迹。

(三)立竿见影的自我管理效果

懂得自我管理,不仅能让个人机会增加、发展提速,更能让单位增加绩效、提高团队战斗力,所以,很多单位已经把它作为一种从根本上提高素质的手段来使用。如海尔集团,就有员工用来不断反思和总结的"员工3问"。

正因为充分认识到自我管理的重要,我们单位也在员工中进行了自我管理的实践。其中很重要的一点,就是在海尔"员工3问"的基础上加上两条,形成"每日5问",具体的做法就是每天下班前或晚上,问自己5个问题,然后给出答案:

1. 今天我为客户增值在哪里?
2. 今天我为单位增值在哪里?
3. 今天我为个人增值在哪里?

4. 应该避免和改进的地方是什么？

5. 我将采取什么措施保证改进？

事实证明，这是一个让员工更好成长的手段，也是团队建设的有效手段。

如果作为团队建设的手段，可让团队成员认真填写"5问"，在每天下班前或第二天上班前交到有关部门和领导那里。

这样，就可让自己和团队的工作每天都有一点点进步。

可别小看这简单的"5问"，当它真正成为每个人的"工作准则"的时候，所产生的影响和效果是巨大的，甚至成为每个人激发自身潜能、主动将工作做到位的最有效的保证之一。

就这么5个简单的问题，真的能产生那么大的效果吗？我们不妨来看看真实的案例。

下面是我们单位市场部一位员工的"每日5问"，现摘录如下：

市场部×××"每日5问"（2018年7月1日）

1. 今天我为客户增值在哪里？

今天，除了把我们最好的产品推荐给客户外，还及时了解到了客户目前的工作状况，并运用我所掌握的知识，给他一些温馨的提醒和建议。

如在给×××客户打电话的时候，我了解到他目前正忙于招聘，于是我跟他谈到了新员工入职后的3个危险期，也就是"232"理论，这是他以前没有听过的，尽管这个理论和我推荐的产品没有关系，但却让他感觉到了我的真诚，并主动和我谈起了工作中的一些事情，让我们的距离一下子拉近了。

2．今天我为单位增值在哪里？

今天一共给 60 个客户打了电话，其中向×××上市公司的人力资源总监树立了本机构在中层培训方面做到全国领先地位的品牌形象。

3．今天我为个人增值在哪里？

向同事学到了一种避免被客户拒绝的方法。

4．应该避免和改进的地方是什么？

今天上午，我给两位第一次联系的新客户打电话，刚一谈到我们的产品，对方就说："我们目前不需要"，我一听，一下子就卡住了，不知道该怎么往下说了，只能任由对方匆匆把电话挂掉。这样的情况，我以前也遇到过，为什么我老是在同一个地方被卡住？下次如果再遇到这样的情况，我到底该怎么说？今天我一定要把这个问题解决掉。

5．我将采取什么措施保证改进？

利用中午休息的时间，我虚心向同事请教，甚至还给以前认识的一位做销售的老前辈打了电话，从他们经验中，我总结出，下次可以这么说：

"我这次给您打电话，并不是要您立即选择我们的产品，只是想给您做一个备用，这样当某一天您有需要的时候，就能够想起我们恰好有这样的产品，也省去了您临时重新找相关资料的时间和麻烦。您看是不是这样？"

另外一个老员工也对我说：

"你不能显得自己只是在做推销，而应该成为对他们有帮助的人。你可以把我们机构中很多好的思想传播给他，成为对他有帮助的人。"

为了达到最佳效果，我决定把这段话打印出来，贴在自己的桌子上，随时温习和改进。

那么，这个"每日5问"的效果到底如何呢？我们且看第二天的效果吧！

第二天上午，她给一个新客户打电话时，再次遇到之前被拒绝的情况，于是她运用刚刚总结的说话技巧，告诉对方：本机构一位老师前不久去河北柏林禅寺参禅，帮著名高僧明海方丈整理了一份开示，对当代人调适心灵很有帮助，问对方是否需要。

结果，客户不仅没有挂掉她的电话，还很爽快地把自己的邮箱和手机号告诉了她，这样有什么新资料都可以及时发给她。

能够有这样的突破，让这位员工觉得格外快乐。

尽管这份"每日5问"只有短短的几百字，但我们却能从中看到一个员工自我超越和成长的努力。"最好的成长机会是今天"，一个工作真正做到位的人，绝不会允许今天和昨天一样，明天又是今天的重复，而是有每天发现自己的不足、并立即加以改正的决心。

不仅如此，本书作者之一吴甘霖还把这个方法直接用到了孩子的教育方面。他的儿子吴牧天原来是个"调皮王"，后来吴甘霖将自我管理的方法用在对吴牧天的教育上，让吴牧天的学习与生

第一章 自我管理的人在奔跑，不自我管理的人在流浪

活发生了翻天覆地的变化，成了全国著名的"自主管理明星"，他根据自己的成长经历所写的《管好自己就能飞》，发行上百万册，中央电视台新闻频道还予以报道。

我们且看其中所采用的一个方法：让孩子每天写"自我管理日记"。日记的内容包括：

1. 今天的关键词？
2. 昨天计划的执行情况如何？
3. 今天最大的收获是什么？
4. 今天最大的反思是什么？
5. 明天有什么计划？

这5条，就形成一个管理学所讲的"闭环"，让孩子天天自我计划、自我反思、自我成长。

那么这个"自我管理日记"的效果如何呢？十分让人震惊。吴牧天从17岁生日那天开始写自我管理日记，不久后作为国际交流生去美国读高三。一年后，他不仅考上美国重点大学，而且在那一年中，竟然写下了整整30多万字的日记！

这让作为父亲的吴甘霖十分吃惊，说："假如提前知道你要花这么多的精力来写日记，我可不敢在高考这一年让你这样做，因为太花时间了。"

不料，尝到自我管理甜头的吴牧天，竟然反过来"教育"父亲：

"中国有句名言：'磨刀不误砍柴工。'我每天的学习生活就像砍柴，而每晚花20分钟左右时间写总结等于磨刀。正因为我每

天能坚持写自我管理日记，所以每天的学习才更有效率，每天的生活才更精彩啊！"

现在，他写"自我管理日记"已经 5 年，总字数已经 150 多万字了，并以此为基础出版了 3 本书。当有人问他"你为什么能坚持写"时，他以自己最深的感悟回答：

"没有点点滴滴，哪来轰轰烈烈。只有点点滴滴，才能轰轰烈烈。"

上述的故事，可以给我们提供借鉴：

自我管理不只是管理者们应该做的事，作为员工也应该学会自我管理。

自我管理看起来有点难，实际上并不是，连一个学生都能做到，都能实践出很好的效果，那么，已经走上工作岗位的我们，怎么就不能实践得更多，并产生更好的效果呢？

实际上，自我管理实践起来并不难，其实就是三句话：

从我做起；

从现在做起；

从点点滴滴做起。

二、自我管理多一寸，工作成效增一丈

网上曾经有一段流传很广的对话：

有人问自己的老板：

"我都有 10 年的工作经验了,您为什么还不给我涨薪水?"

老板回答说:

"你是真的有 10 年的工作经验,还是把一年的工作经验用了 10 年?"

这不是笑话。在职场中,工作了很多年,而经验和能力还停留在最初两三年的大有人在。

究其原因,还是跟自我管理有关。自我管理包括对目标、心态、效率、执行、方法等的管理,而这些管理的结果,最终会通过工作成效体现出来。越懂得自我管理,工作成效就会越明显。

(一)方法一变,效果完全不同

我们经常会看到这样一类人:

他们每天来得早、走得晚,勤勤恳恳,领导交代的事,都认认真真去做,规定每天给客户打 30 个电话,他不会只打 29 个。但奇怪的是,就是没有什么成效。

与此同时,还有这样一类人:他们同样来得早、走得晚,该打电话时打电话,该拜访客户时拜访客户,看似在做着同样的事情,但别人见不到的客户他能见到,别人解决不了的难题他能解决,业绩一日千里、成倍增长。

为什么会有这么大的差别?

在我们所著《做最好的执行者》一书中,记载了这样一个鲜活的案例:

小张和小林同时进入一家公司做销售，论年龄、学历和工作经历，两人的起点可以说是一样的，但两个月后，差距就出来了：小张一个单子都没出，而小林却成了销售冠军。

难道小林有什么秘密武器不成？

我们来对比一下两人打电话的过程。

两人销售的目标都是大企业，但打电话过去最先接触的往往是前台。

小张是这样打电话的：

"您好，请给我转一下采购部。"

前台："请问您找采购部的哪位？"

小张一下就被问住了，既然说不出具体要找的人，前台当然不会给他转。于是小张只好再给别的企业打电话，可还是会遇到同样的问题，再一次被拒绝。就这样，两个月过去了，小张还停留在和前台的"攻防战"里。

那小林是怎么做的？

刚开始，小林也遇到了和小张同样的情况。经过不断向前辈请教，他很快摸索出一套行之有效的方法。

第一次打电话过去：

"您好，请接采购部……哦，没有具体联系人不能接吗？没关系，小姐您的声音很好听，请问您贵姓？哦，李小姐，谢谢您，祝您工作愉快。再见。"

第二次打电话过去：

"李小姐您好，请帮我接下采购部。"

前台听到他一下就叫出自己的姓氏，以为是熟人，便给接进了采购部。在采购部小林又遭遇了拒绝，但是他却问出了采购经理姓什么。

第三次打电话过去：

"您好，我找采购部王经理。"

在和采购部经理进行沟通、问到客户的一些需求信息后，小林得知这家公司的采购最终还要由老总来拍板决定，于是又从采购部经理那里问到老总的姓名和联系方式。

第四次打电话过去的时候，小林就直接与企业老总进行沟通了。

总之，小林不会因为拒绝而止步，总是在每次电话里问到尽可能多的信息，然后利用这些信息帮助自己下一次更好地和对方沟通。

比较了两人做事上的差别，就不难理解为什么一个只是低效率重复，而另一个却能成为销售冠军了。

只有经过思考的行动，才是有质量的行动，才是真正能产生高效益的行动。

自我管理的一个重要特征，就是懂得随时总结和调整：当一条路行不通的时候，就换另一条路，当一种方法的效果不理想的时候，就尝试其他的方法。

方法一改变，效果就完全不同。

（二）优秀=主动+高效

优秀的自我管理者，都有两个十分明显的特点：

一是态度上主动负责，二是方法高效。所以可以得出这样一个公式：

优秀=主动+高效

我们在为北京长城饭店做培训时，听说了这样一件事：

一天下午，长城饭店的一名工作人员在送客人到机场时，听到了飞机晚点的通知。

原来，由于日本大阪机场上空有雾，当天飞大阪的航班因此推迟了半个小时。

这个员工平时喜欢思考，也常常关注一些有关信息。听到这一广播，他突然想：从北京飞往大阪要三个小时，而当时大阪机场在下午3:30就关闭了。这样看来，当天这趟飞大阪的航班估计得取消了。

他立刻打电话回长城饭店，将情况进行了说明，让饭店做好准备，然后向机场的值班办公室走去。

果然，当天那趟飞往大阪的航班已经取消了，机场的相关负责人正在忙着为滞留的150名客人预订房间。但是，打了不少电话，许多饭店都没有办法一下安排这么多人，一些酒店说正努力去安排，但都无法给出明确的答复。

这个工作人员立刻做了自我介绍，告诉对方，长城饭店现在可以一次就把150名客人全部安排好，而且，如果接受长城饭店的服务，他们可以立即派车来把这些客人全接过去。

尽管长城饭店的报价比别的酒店贵了不少，但机场负责人还是选择了长城饭店。

为此，长城饭店一下多了一单30万元的业务！

那么，这个员工带给我们什么启示呢？

第一，机会来自主动负责的态度。

有主动负责的心态，哪里都是创造价值的良机。

"越计较，越得不到"，这是职场中最基本的一条规律。自我管理离不开心态的管理，对于优秀的员工来说，没有什么该不该做，只要对单位、对团队有价值的事，都会主动去做。

主动的人不会想：

又没有谁要求我必须这么做，而且也没有额外的报酬，我为什么要管这个闲事？因为懂得自我管理的人，不需要别人要求，自己就会要求自己。

其实，主动为单位创造价值，就是在为自己创造价值：主动的员工，在哪里都会受欢迎，也是最有发展的人。

第二，善于积极联想。

航班不能按时起飞，这在机场是很常见的事情。这个员工却能从到大阪的航班不能按时起飞，想到飞机到大阪的时间要多久，而大阪机场几点关闭，这个航班今天会被取消。再联想到机场方面需要安排客人入住，而自己恰好可以帮助单位做成这笔生意。

这样的联想力，如果没有平时对相关信息的留心，根本做不到。如果没有系统思考的方法，也无法做到。

第三，善于统筹兼顾。

他一边去找机场有关人员，一边与单位联系，让单位能做好准备。所以，当他出现时，就能精准地解决问题。让对方宁愿多付出一点钱，也选择他们单位。

上述这样的做法，就是用脑办事。

工作要用手，也要用脑。善于自我管理的员工，都是善于用手办事同时也重视用脑办事的人。

因为善于用脑办事，他们会抓住别人抓不住的机会。

因为善于用脑办事，他们会取得远远高于别人的工作效率！

（关于如何从"用手办事"到"用脑办事"，可继续在第八章中阅读相关内容。）

三、越是一流的单位，越重视员工自我管理

谁都希望在职场中拥有一个好的平台，进入一家优秀的企业，能更好地发挥自己的价值。

但越是一流的单位和企业，越重视员工自我管理。因此，不

管是想要拥有进入优秀企业的"敲门砖",还是想在这样的企业获得很好的发展,首先都要培养自己的自我管理意识。

(一) 学会自己提出的问题自己解决

自己提出的问题自己解决,能够让我们养成主人翁意识,并且锻炼自己思考和解决问题的能力。

曾担任过微软副总裁、谷歌全球副总裁的李开复,在他所写的书中,专门有一章介绍"谷歌的自我管理文化":

在谷歌,最重要的,不是别人管理,而是你要学会自我管理。

曾经有一位员工告诉他:

"我不认为所有人都适合谷歌的工作方式。适合它的人会非常开心,不适合它的人会无所适从,因为没有人告诉你应该怎么做。"

这位员工一语道破了谷歌文化的核心,谷歌的员工必须学会有效的自我管理。

一次,一位工程师向他的上级陶宁抱怨会议室的垃圾桶太少,能不能帮忙解决一下?当时陶宁想,这是一个让工程师学会自己当家做主的好机会,于是她告诉这位工程师:

"对不起,这种事情你应该自己想办法解决。"

这位工程师很吃惊,因为他觉得自己发现了问题并且报告了问题,已经很积极主动了。

在谷歌，鼓励员工提问题和意见，但条件是谁提意见谁负责解决。这样的好处是不仅让员工有主人翁精神，而且还杜绝了牢骚一堆却无人解决的恶习。

在陶宁的指点下，这位工程师直接去找了后勤部门的主管。第二天，每个会议室就多了很多个垃圾桶。这位工程师的要求得到了满足和尊重。

陶宁后来告诉李开复：

"就是要'逼'这些工程师，每件事情都要学会自己提出、自己解决！有些人认为我不愿意帮助他们，但其实我是在训练工程师积极主动的习惯。"

在这位工程师看来，自己已经发现并提出了问题，已经很积极了。但在谷歌的管理文化中，这样还远远不够，能够将问题解决才是最终的目的和主动精神的真正体现。

既是问题的提出者，又是问题的解决者。每当问题出现的时候，首先想到的是"怎样才能解决"，这才是真正的自我管理。

（二）改"条件导向"为"目标导向"

在干工作和完成任务时，有两种导向。

一是条件导向：根据现有的条件，决定自己的工作，决定完成怎样的任务、实现怎样的目标。

一是目标导向：树立一个较高的目标。一旦制定了目标，那么不管面临什么样的问题和困难，都决不后退，有"一定要达成"

的决心。

改"条件导向"为"目标导向",是所有善于自我管理员工的共同特点。

在华为员工的心中,完成任务的目标高于一切,也正是因为华为员工有这样的心态,华为才能跻身于服务全球运营商前列。

在玻利维亚建基站的时候,发生过这样一件事:

有一个基站在热带雨林地区的山顶,客户要求三天内安装完、放号并开通。

负责这个项目的范永君和同事们将货物运到了山脚,却发现承运商根本没办法将货物运上山。因为山上只有一条仅容两人并行的小路,货车根本没办法开上去。

怎么办?客户那边毫不通融,坚持三天内必须开通。

即使求客户能够宽限几天也没有用,因为就算多几天,山上也不会多出条运货的路。

于是承运商建议用直升机运送。这倒是个办法,但费用却高达8000美元。

在仔细考察了山路的情况后,范永君做了一个让承运商都觉得吃惊的决定:

用人力将设备抬上去。

玻利维亚可是高原之国,海拔几乎都在2500~4000米左右。在这种环境下,连爬山都不容易,何况还要抬着沉重的设备上山。

仅仅两公里的山路，范永君和他的团队，带着雇来的工人，一路轮流抬着分拆好的设备，从早上六点多一直走到晚上九点多。

设备终于运上了山，在客户要求的时间内建好了基站，客户非常满意。最后结算运输费用，只用了7000多元人民币。

要在规定的期限和合理的费用内将设备送上山，的确存在很大的困难，但有了一定要完成任务的决心，那么就能够在没有办法中找到办法。

对"条件导向"的员工而言，要放弃十分容易。但对"目标导向"的员工而言，不管遇到什么困难，都不会随便动摇，而是有不完成任务决不罢休的信心和决心。

当一个员工开始将"条件导向"转变为"目标导向"，他就有了不懈的斗志和迎难而上的勇气。如果一个团队这样，那就是一个了不起的钢铁团队。

（三）以贡献定报酬，凭责任定待遇

我们在单位和职场中的发展离不开两点：贡献和责任。每个人的前途，都和你所做出的贡献和承担的责任相关。

华为创始人任正非曾在《致新员工书》中这样说道：

您有幸加入了华为公司。我们也有幸获得了与您合作的机会。

进入华为并不意味着高待遇，因为公司是以贡献定报酬的，

凭责任定待遇。对新来员工，因为没有记录，晋升较慢，为此十分歉意。如果您是一个开放系统，善于吸取别人的经验，善于与人合作，借助别人提供的基础，可能进步就会很快。如果封闭自己，怕工分不好算，就需要较长时间，也许到那时，您的工作成果已没有什么意义了。实践是您水平提高的基础，它充分地检验了您的不足，只有暴露出来，您才会有进步。实践再实践，尤其对青年学生十分重要。唯有实践后善于用理论去归纳总结，才会有飞跃和提高。有一句名言：没有记录的公司，迟早要垮掉的，多么尖锐。

"以贡献定报酬，凭责任定待遇"，这是所有企业对待人才的统一标准，无一例外。

任正非的这段话告诉我们，即使进入了一家优秀的企业，也并不代表高起点和高待遇，因为，你首先要让企业看到你的能力和贡献。

作为职场新人，要想迅速提升自己的能力，对企业有所贡献，最重要的有三点：

1．有开放的心态。既不画地为牢，也不留恋自己过去有多么优秀，而是以开放的心态吸取别人的经验，善于和别人合作，这样才能获得快速的成长。

2．在实践中发现自己的不足。不要怕实践，因为只有通过实践才能知道自己的不足和差距，这样才有进步的空间。

3．善于总结才能有飞跃。总结是进步最快的途径，通过总结,好的方面可以进一步巩固,不好的方面能及时反省,让自己能够立刻改正和不再重复。

四、哪怕是每天多一点点自我管理,都能让你很快拉开与他人的距离

自我管理最大的好处,在于你每天都能看到自己的进步。

虽然这种进步不是一步跨越的,但只要每天都坚持,很快就能够拉开和别人之间的距离。

我们经常强调这样一个观点:一流主动、二流被动、三流不动。其实,哪怕你处处主动一点,就越来越拥有了别人没有的优势。

我们来看看上海华日服装公司工会主席、团支部书记、全国十大杰出农民工、全国知识型职工先进个人、全国五一劳动奖章获得者、全国劳动模范朱雪芹,是如何通过主动学习来改变自己命运的。

(一)不怕起点低,只怕不学习

被动和不动的人,总会给自己找种种不学习的借口和理由,比如:学历低、岗位差、经验技术和别人都没法比,等等。但对于主动的人来说,正因为学历低、起点低,才要更加主动学习。

当年，只有初中学历的朱雪芹来到上海打工，成为华日服装公司的一名普通缝纫工。当时，公司的全套生产线都从日本进口，生产效率非常高，和她原来在乡下用的脚踏缝纫机简直有天壤之别。这些先进的设备激起了她强烈的学习兴趣。而公司也鼓励全体员工都能全面掌握技术，这更是让她铆足了劲头学习。

当时她被分配到装裤腰的工段，其中一位大姐做了3年，一天能做500多条，而朱雪芹是新手，能做100多条就很不错了。但她暗自下决心：一定要赶上对方。通过不断的练习，功夫不负有心人，3个月后，她就超过了那个同事。

起点低，的确是劣势，但也正因为起点低，才更需要付出比别人更多的时间和精力去学习。

（二）学习的目的，是为了提升自己解决问题的能力

学习的最终目的，是通过学习来不断提升自己解决问题的能力，为企业创造更好的效益和业绩。

尽管朱雪芹用很短的时间就超过了同事，但她并不满足，而总是在琢磨怎么才能做得更好、更有效率。她发现，做裤子的工序非常复杂，大家虽然很忙，但效率却不高。比如有一次，因为制作衣服的流水线上一个岗位的员工请假，就导致了整条生产线堵塞，生产数量受到很大的影响。她想，怎么才能解决效率低的问题呢？

于是，她开始利用空闲时间学习每一个岗位上的技能，当别人休息的时候，她就开着机器进行练习。为此，她没少吃苦头。一次，她在研究如何操作电动缝纫机时，无意中碰到了金属针，手指瞬间被砸扁。还有一次，针扎在骨头上碰弯了，最后同事用机修工专用的老虎钳才帮她把针拔了出来。

就这样，她学到了出色的技术。这一切，都被领导看在眼里，于是让她到日本进修。回国后，她被提拔为副班长。这时她主动向领导提出，要改革原有的制造模式来提高生产效率。

在领导的支持下，她开始钻研、摸索，每天都最后一个离开公司，连走路时都在思考如何突破原有的生产模式。

很多员工觉得她不会有什么作为。可让人没想到的是，她提出的改革方法，让公司的制作工序得到了很大优化，无论生产数量还是质量都有了很大的提升，制作一条裤子的时间大大缩短，领先于同行业。

学习不过是手段，学以致用才是真正的目的。学习的效果如何，要通过在具体做事中去检验。在学习中，我们要经常思考三个问题："学什么""怎么学"和"怎么转化"，这样的学习，才是真正有价值的学习。

（三）时间对谁都公平，就看你愿不愿意去"挤"

有很多人只要一谈到学习，总会说："我也想学，可实在太忙，根本就抽不出时间。"

这不过是给自己找借口罢了。时间对谁都是公平的，"时间就是海绵里的水，要想挤总会有的"。

这也是朱雪芹在成长过程中的座右铭。从进入服装公司开始，尽管每天工作任务都很重，但她总是想办法用最快的速度将手上的活做完、做好，然后偷偷观察别人怎么操作机器。用了整整两年时间，她通过自学学会了缝裤子的所有程序。不仅如此，她又用3年时间，拿到了高中文凭……

后来，朱雪芹获得了被公司派到日本进修的机会。但她不懂日语，如果语言关不过，去日本的学习就会遇到大问题。

后来，她想出了一个办法，请附近学校的小学生到家里吃饭、拜他们为师，请他们教自己日语。很快，她就过了语言关。

如果一个人总要等满足了自己舒适、游玩的需求后再去学习，那时间永远都不够。但反过来，如果你愿意去挤时间，别人休息的时候我不休息，别人娱乐的时候我不娱乐，时间自然就有了，而且很快就会感受到自己的进步。

是的，越能进行自我管理，越能进行自我突破。

越早管理好自我，越能成就非凡自我！

如果我们每天在自我管理上多下一点点功夫，日积月累，就能让你拉开与他人的距离，就能让你拥有更大的优势，创造更多的效益！

第二章

想成为了不起的"牛人",当员工时就该学习自我管理

一、你至少领导着你自己

二、没有卑微的工作,只有把工作卑微化的人

三、争当解决问题高手,绝对不当"职场怨妇"

四、与其老念"跳槽经",不如读好"岗位成功学"

所谓的"牛人",并非一开始就出类拔萃,而是在当员工的时候。就开始学习自我管理,不管在什么样的环境和条件下,也不论起点多么低,都能将每一个阶段变成迅速成长的机会。

一、你至少领导着你自己

不少员工有这样的想法:我不过是一个受人领导的普通员工,不需要有什么个人想法,能做到听从安排、按部就班、不出差错地完成单位交代给自己的工作就可以了。

做好分内的工作,这只是最基本的要求。事实上,从开始进入单位工作的第一天开始,我们就已经成了管理者。

因为,你至少领导着你自己。

(一)你得对自己的成长与发展负责

我曾经在北京大学企业家春季论坛上,为曾经担任中国入关谈判首席代表、对外经贸部副部长的龙永图做过点评。

在进一步交流的过程中,知道了他的一段让人难忘的成长经历:

毕业后,龙永图进入对外经济联络委员会工作,主要负责联络经济贸易,因为业务不多,工作很轻松,每天无非是做做杂务、看看报纸。

但龙永图并不觉得工作轻松是值得庆幸的事,反而觉得如果这样下去,无疑在浪费青春。

第二章 想成为了不起的"牛人",当员工时就该学习自我管理

他认真分析了自己的工作状态:虽然做的是联络工作,但当时别说跟外国人交流,甚至连外国人都没有见过。缺乏实践,必然会成为将来工作的短板。

于是,他决定开始加强英语方面的学习和训练。为此,他给自己做了三条规定:

1. 每天用英文朗读《参考消息》上的中文消息,并且背下其中一篇重要的文章。

2. 每天用英文自办一张用钢笔写的16开《英美动态》小报,以此来锻炼自己对新闻的判断、筛选能力,同时也加强自己的强记能力。

3. 看外国电影,必须做到和剧中人物对口型同步翻译。

此外,为了检验自己的学习成果,也为了更好地在实践中提升自己的英语水平,他想了很多办法。比如特意去故宫游览,寻找和外国人交流和对话的机会。一次,为了跟两位正在争吵的外国老太太对上话,他足足追了她们半个多小时,直到两位老人"吵累了",他才插上话,并说出了自己对两人争吵内容的看法。

两位老太太开始很吃惊,但在了解了龙永图的意图之后,两人都被他的好学所感动,开心地接受了他的建议,并用一个热情的拥抱来感谢龙永图对她们之间矛盾的调解。

而这份从一进入职场就严格遵循的"自我领导"精神,让龙永图很快就迎来了机会。

一天，龙永图和平时一样，下班后在办公室里给自己"充电"。这时，交际处处长找到他，说对外经济联络委员会主任约见外宾，但翻译人员已经下班走了，问他能不能帮忙去做一下翻译。

虽然这样级别的翻译并不容易，也不是他分内应该承担的事情，但龙永图觉得，这是一次十分难得的实践机会，于是毫不犹豫地答应了。

结果，龙永图表现得非常出色，连一些生僻字都翻译得很到位。这使他一下子脱颖而出，之后很多重要的翻译工作都由他担任，机会也越来越多，后来，龙永图被调到外经贸部的重要部门——国际联络司担任司长。

孔子曾经说过："不患无位，患所以立。"——不要担心没有好的位置给你，而要担心自己有没有能力胜任。对于大多数刚刚进入职场的人来说，起点并没有太大的差别，而能够迅速拉开彼此距离的，就在于自我管理中的"自我领导力"。

从龙永图的成长经历中，我们可以总结出"领导自己"的三点核心：

第一，不是按部就班，而是有强烈的"额外付出"意识，也就是尽可能"多学多做"。

第二，明确自己的岗位和职位最需要什么样的人才和具备哪些能力，而自己最欠缺和最需要提升的又是什么，然后让所有的"多学"和"多做"，都尽可能围绕这些不足和欠缺进行。

第三，要有具体的手段和方法。"自己领导自己"的一个重要原则，是让成长变得"有章可循"，而不是停留在计划和空想上。这其中最关键的一点，是学会将每天的学习"量化"。比如像龙永图一样，每天规定自己用英文阅读《参考消息》并背下一篇重要的文章，自办一张小报，等等。总之，学习越具体、越有操作性，效果越好。

龙永图的经历，其实告诉了我们一个职场发展的基本法则：

不管外在的环境怎么样，我们都可以成为自己的领导，都有能力为自己的成长和未来的发展负责。

（二）你得为你的过错承担责任

美国的西点军校就非常强调这一点，"领导好自己，学会为自己负责"是每个学生进入西点军校后首先要学习的。

毕业于西点军校的格里·黑斯汀，在"西点第一课"里，讲了这样一件事：

军校的学生都是预备军官，不同年级之间的学生等级非常分明，一年级新生在学校里地位最低，被称为"庶民"，平时基本上只能给学长们打打杂和跑跑腿。

刚进军校不久，西点和海军军校要举行一场橄榄球赛。比赛的前一天晚上，三年级的学长怀特中士邀请他共同完成一个叫"幽灵行动"的恶作剧——将一个来访的海军军校军官的宿舍搞得一团糟。虽然他觉得这样做有些过分，但想到此后自己能够被高年级的同学接受，加上怀特和其他学长都表示：牵头的是他们，出了什么事由他们负责，所以他还是答应了。

分配给他和另外一个二年级军官的任务，是在晚上11点半熄灯之后，冲入那位军官的房间，将两大桶大约5加仑的冰橙汁浇到那位军官的身上。同时，另外两个人将扎破的剃须泡沫罐投掷到房间，最后怀特将散发臭气的牛奶泼进屋里。

一切都很顺利，所有任务都按照计划完成了，大家迅速下楼集合，然后再分成几组撤退。

没想到，凌晨3点的时候，他的房门被敲开了。原来，学校接到了被捉弄军官的投诉。在训导员的办公室里，虽然怀特竭力为自己开脱，并表示愿意承担一切责任，但训导员却并不接受，而是罚大家在早饭前将那位海军军官的宿舍恢复成原样，将弄脏的衣服洗干净。不仅如此，接下来的几个周末，他们都不能休假，而是要在校园里接受惩罚。

他觉得很不公平，因为主意不是自己出的，行动也不是自己领导的，自己不过是服从了学长的命令，责任应该由学长去承担才对。而且自己开始时也反对过，但作为一个"庶民"，自己又能管得了谁！

当教官听了他的想法之后，非常严肃地看着他，然后一字一句地说：

"在西点，人人都是领导者。即便是个'庶民'，你也至少领导着一个人——你自己。"

很多年过去了，教官的那句话一直深深地印在他的脑海里，这对他日后的领导生涯起到了至关重要的作用：想做一个成功的领导者，你必须先学会领导自己。

这不仅是西点军校给格里·黑斯汀上的一课，也是给所有想要在人生中有所作为和成就的人上的重要一课：

作为自己的领导者，你可以也有责任为自己的过错负责。

领导就是干部，就是"负责人"。当你能为自己的一切负责，你就真正成了自己的领导。

二、没有卑微的工作，只有把工作卑微化的人

曾经有学员问我们：

"您说要从工作中寻找价值感，可我做的不过是最普通的办公室工作，每天不是复印就是订票，都是些跑腿打杂的活，怎么可能从中找到价值感？"

其实在职场中，有类似想法的人有很多。的确，作为普通员工，位置可能不高，所做的事情也未必有多重要，但这并不能成为我们不努力和懈怠的理由。

记得多年前，看过一部日本电视连续剧，名字已经忘了，但内容却一直记得——长达 80 集的连续剧，讲的是一个酒店行李员的故事。尽管做着最不起眼的工作，但他永远满脸笑容，时时刻刻都在帮助别人、为别人解决问题，因此成为酒店最受欢迎、最耀眼的明星。

工作本身其实并没有高低之分，没有卑微的工作，只有把工作卑微化的人。关键在于我们用什么样的心态去对待，如果我们懂得主动去寻找和发现它的价值，就一定可以通过自己的行动让它变得重要而富有意义。

（一）不怕起点低，就怕境界低

在职场中，起点低并不可怕，可怕的是连当下的小事、分内事都不愿做、做不好，却一心只希望拥有"大机会"，能够做"大事情"。

创新工场董事长兼首席执行官李开复，曾经在他的博客里写过这样一件事：

一次，他去找一位年轻的理发师理发。理发师一眼就出认了他，一看机会难得，于是一边给他理发，一边不停地向他请教。

看年轻人这么好学，他自然不好拒绝。

于是，他对于困扰理发师很久的比如和老板意见不合、未来的创业计划等问题，分别给出了建议。理完发，理发师高兴地向他道谢，说自己知道该怎么做了，希望他下次来理发还找自己，等以后自己开了理发店，也请他过去捧场。

一看理发师这么热情，他满口答应了。因为急着回家，他看都没看理成什么样，就戴起放在桌上的眼镜回家了。

结果太太和两个孩子一见他，都忍不住哈哈大笑起来。他赶紧跑到镜子前一看，自己也吓了一跳。原来理发师光顾着跟他聊天，心思完全不在理发上，剪出来的头发跟狗啃了似的，惨不忍睹。

对此，李开复不禁感慨：

有理想并追寻理想是好的，可总得先把分内的事做好。分内事做不好，却这也不满、那也不愿，老想着通过做"更大的事业"来"改变命运"，岂不是不切实际？

每个人都有通过"更大的事业"来"改变命运"的可能，但"更大的事业"需要建立在将每一份工作、每一件小事都踏踏实实做好、做精的基础上。

和上面案例形成鲜明对比，我们看看央视著名主持人白岩松刚走入单位时的经历。

白岩松毕业后，被中央人民广播电台录取。作为名牌大学的高才生，他对未来充满了信心：

凭自己的素质和能力，要么会进入新闻部，要么会分到其他十四个专题部门。

但结果却完全出乎他的意料，他被分到了在印象中只是刊登节目表的报纸——《中国广播报》。

刚开始，白岩松心理上的确也有些落差和纠结，但他很快调整了心态，觉得既然结果已经是这样，那最好的办法就是面对它，立足于当下，想办法把本职工作做好。

怎么才能将让自己负责的版面变得出彩而好看呢？为此，上班第一天，他特意去书店买了一本《报纸编辑学》回来学习。为了将版面办得有声有色，他想了很多办法，包括经常尝试自己写一些风格和形式多样的文章。他的努力和付出渐渐得到了大家认可，他写的一些文章，也经常被转载，有些还被编辑出书。

而机会很快也来了，不久后，他被崔永元介绍去在央视新办的一个节目做兼职，并由此为起点，走上了电视节目主持人的道路。

如果没有那段在报社自动自发，将并不起眼的工作做到很出色的经历，那么即使有好的机会，也不一定会落到白岩松的手里。而这也是职场一个最基本的规律：能够担当重任、有所成就的人，一定是无论在什么样的岗位上都能做到最好的人。

（二）越能把平凡的工作做到不平凡，越能体现能力和智慧

前面谈到有学员曾经问我，自己整天干的就是办公室跑腿打杂的活，哪有什么价值。

实际上，一个人的能力和智慧，往往就是通过一桩桩小事体现出来的。

如果我问你，一个刚刚 20 岁出头，既没资历又没高学历的小秘书，一下子成了一家著名企业的高层，你觉得有可能吗？

也许很多人都会摇头，但有一个人却做到了。

1993 年，卫哲大学毕业后，成了被称为"中国证券之父"的万国证券公司总经理管金生的秘书。

同样是做秘书，但卫哲这个秘书却做得与众不同。

比如说，连倒茶这种小得不能再小的事，卫哲都做得很有思

第二章 想成为了不起的"牛人",当员工时就该学习自我管理

路和水平。他会认真观察领导喝茶的习惯和喜好,这样一来,每次什么时候喝、喝什么,不用领导吩咐,卫哲就已经提前做好了。不仅如此,连茶杯怎么放,卫哲都很讲究方法,比如,不会将杯子放在靠近资料的地方,以免不小心洒了弄湿资料,另外,一定会将茶杯的把手调整到方便领导拿放的方向。

再比如,给领导做翻译的时候,他不会像一般秘书那样,不管有用没用,都逐字逐句地翻译,而是根据领导的思维方式,将有用和重要的信息,用最精练的语言表述出来。

另外,同样是摆放文件,其他的秘书都是按时间先后顺序放在领导办公桌上,而他却会按照重要程度进行摆放……

就是通过这一件件小事,让领导觉得这个年轻人与众不同,做秘书实在是屈才了,于是开始带他进入高层会议。很快,卫哲就出任了上海万国证券公司资产管理总部的副总经理,当时他才24岁。

之后卫哲的发展有目共睹:2002年任职百安居中国区总裁,成为最年轻的世界500强中国区总裁;2004被评为"年度中国七大零售人物"……

卫哲看似不可思议的发展轨迹背后,其实包含着大智慧:

第一,在职场中,没有人会告诉你需要做什么、该怎么去做,而要靠自己主动去思考、去琢磨,越主动,越能赢得机会。

就像卫哲说那样:

"自我驱动是个人效率最好的来源。成长是每个人自己的事,

你不想成长，谁能逼你？所以我们要问自己：你能对自己好好进行管理吗，你能驱使自己前行吗？"

第二，即使是被别人重复了无数遍的小事，也要做出不一样的水准。

表面看起来，卫哲做的无非就是倒茶、翻译、送文件这类小事，但为什么在众多的员工当中，领导会觉得他与众不同、有能力担当更重要的职位？很简单，智慧体现在差别当中。同样的事情，别人不过是千篇一律地重复，而他却通过用心思考，做出了新意和不一样的水准。而这恰恰是一个人能力的体现，同时也是拉开彼此差距的核心。

海尔的首席执行官张瑞敏有句名言：

"什么叫作不简单？能把一件又一件简单的事情做好，就不简单。"

是的，工作可以是平凡的，但是能把平凡的工作做到不平凡，就是很了不起的事，就能让自己也变得不平凡。

三、争当解决问题高手，绝对不当"职场怨妇"

我们曾经在企业家班中做过一次调查，在"下级的哪些表现最不受欢迎"这一项中，排在第一位的就是"解决问题的能力差，爱抱怨"。主要表现为：

1. 嘴里总是牢骚，好像全世界都欠他的。

2. 交代事情给他去做，总是讲条件，找借口不完成或打折扣。

3. 眼中都是毛病，经常提意见，自己却拿不出任何解决方案。

（一）抱怨是对自己的生活下咒语

在一次管理培训后，一位学员找到我，谈起了自己的困惑：

他博士毕业 5 年，曾在 4 个单位工作过，每个单位的经历都很相似：刚开始很受重用，但不知道为什么，总是过不了多久就会失去器重，最后不得不选择离开。他很不甘心，更是愤愤不平，觉得自己怀才不遇，处处受到压制。

有意思的是，他服务的最后一个单位，不久前恰恰成了我的培训客户。后来，在一次和这个单位董事长的交流过程中，我不由问起那位博士的情况。没想到那位董事长一听到他的名字，就不断摇头。说：

"当初之所以看好他，愿意给他不错的位置，是因为觉得他有良好的专业知识背景，能够有所作为。但很快就发现，他解决问题的能力很差。比如对于有挑战性的事情，有明显的畏难情绪，再比如在做事的过程中，一旦出现问题，他的第一反应不是从自己身上找原因，并积极想办法解决，而是抱怨环境、指责别人。最后没办法，只能请他离开。"

对此，这位董事长感慨道：

"很可惜，他虽然有博士的知识，却不具备博士的能力。他没有明白一个最简单的道理：企业请他来，不是听他来抱怨的，任何企业都不需要'职场怨妇',而是需要能够真正解决各种问题的高手。"

这位董事长其实谈到了一个职场法则:

总是抱怨问题,必然前途无"亮"。

学会解决问题,才会前途无量。

明海大师有一句名言:

"抱怨是你对自己的生活下咒语。"

在任何单位,只要成为"职场怨妇",就必然与发展无缘。那么,为什么不从进入单位的第一天开始,就自觉抵制自己成为"职场怨妇"的可能呢?

(二)只为成功找方法,不为失败找借口

这是本书作者之一吴甘霖所写的《方法作为比问题多》讲的一个核心理念。实际上,面对问题,优秀的员工不会抱怨,更不会躲避,而是想办法解决。

格力电器董事长董明珠曾经在一次电视节目中,谈到了自己刚刚进入格力时的一段经历。

作为一个当时连空调是什么东西都不懂的业务人员,刚到格力,她就遇到了一个大问题:上任一个业务人员留下的一笔四十多万元的债务。

当时很多人都劝她不要管,毕竟这笔债务跟她没有关系。但她却觉得,自己既然接替了上任的位子,就要对企业负责,这笔

欠款，她无论如何都要追回。

欠债的经销商一听说她是来要账的，立刻变得软硬不吃，无论她怎么讲道理、摆事实，对方就是不买账。

没办法，她只能天天堵在对方公司的门口，那位老总走到哪她就跟到哪。这一跟，就是整整四十多天。最后对方终于同意让她去拿货抵账。但到了约好的时间，对方又不见了。尽管她很生气，但问题还是得想办法解决。于是她找到对方手下的员工，对他们动之以情、晓之以理，获得了他们的理解，并答应等第二天他们老总一到，就偷偷地告诉她。

有了对方员工的"协助"，这一次她终于拿到了货物。当时她雇了一辆车，直接开到那家公司的仓库，硬是自己一个人将所有没有销售完的格力空调都搬上了车。等到车子发动的那一瞬间，她终于忍不住流下了眼泪，四十多天的坚持，只有她自己知道，追回这笔债务有多么艰难。

由于以往格力给经销商的政策是先拿货后付款，一旦经销商出现不诚信行为，要追回货款非常困难。而董明珠硬是啃下了这个谁都不敢啃也啃不动的"硬骨头"，这在之前格力的历史上还从没有过，也让格力的领导层开始关注这个普通的业务员。

等到董明珠开始担任格力的管理者时，她进行了一系列的改革，其中之一就是改变企业和经销商之间的模式，让类似追债的问题不再出现。再之后，她成了格力集团的董事长，成了中国最有影响力的企业家之一。

董明珠从一个学历不高的普通业务员，成为格力集团一把手的过程，与前面那个博士形成鲜明的对比。照理说，那位博士有更好的条件，应该在职场中获得迅速发展，但为什么事实却恰好相反？

我们不妨听一下百度公司总裁张亚勤曾讲到的一段话：

"遇到问题不要抱怨，也不要害怕问题。我们之所以有价值，就在于能够解决问题。"

是的，一个人的价值，要在解决问题中体现。解决问题的能力，是员工应该具备的核心竞争力之一。

解决问题的能力越强，核心竞争力就越强。

因此，要成为备受重视、有发展前景的优秀员工，就要少抱怨、多解决问题。

那么，真正成为解决问题高手，要在哪些方面努力呢？

第一，要与畏难情绪做斗争。有畏难情绪的员工，口头禅往往是"这太难了""我可没办法""这我可做不到""我只能试试看"，而优秀的员工，则信奉一个原则：

不是"知难而退"，而是"迎难而上"。

第二，要与凡事先讲条件的习惯做斗争。先讲条件的人，总是把"除非……否则我可做不了"挂在嘴边的人，但优秀的员工，则信奉这样的原则：

"少向单位要条件，多向自己要智慧。"

第三，要与推卸责任的习惯做斗争。有些人做不好工作，总有各种理由,是外部环境不行,是合作者差劲,是同事有问题,等等,总之都是别人的责任。

而优秀的员工,则一定会自己承担责任,在他们看来:

"问题到此为止。"

"只要思想不滑坡,方法总比问题多。"

四、与其老念"跳槽经",不如读好"岗位成功学"

在职场中,有目的、有选择、适度地跳槽并无可厚非。但如果是盲目地频繁跳槽,则有可能成为自己职业发展中的大障碍。

网上的一组数据显示,在 90 后上班族中,超过 50% 的应届毕业生第一份工作没有做满一年,其中 40% 的人坚持的时间不到 6 个月,而第一份工作能做到三年以上的仅有 11%。

"频繁跳槽"的确是 90 后员工中存在的普遍现象。至于跳槽的理由更是各种各样:薪水低、路途远、加班、领导要求严格、同事关系处理不好等,都能成为跳槽的理由,甚至有人力资源经理用"一言不合就跳槽"来形容一些 90 后员工的轻率。

这样的结果,往往不是"越跳越好",而是"越跳越糟""越跳越没有信心"。毕竟,没有一个工作岗位是为我们量身打造的,也没有一个岗位能够满足我们所有的期望和要求。因此,与其频繁"跳槽",不如学会"岗位成功学"。

很多人的成功,都和读好了"岗位成功学"密切相关。

（一）你成就了岗位，岗位就会成就你

在阿里巴巴，童文红是一位颇具传奇色彩的女性：阿里上市后，成为马云背后9位亿万富豪的女性合伙人之一；2015年，被阿里巴巴集团任命为菜鸟网络的总裁；2017年，担任阿里巴巴集团首席人力官兼菜鸟网络董事长……

但让很多人想不到的是，童文红在2000年刚加入阿里巴巴的时候，不过是一名最普通的前台接待员。

当时的童文红已经30多岁，因为前台的节奏快，每天接待的人很多，电话也多，加上很多东西不懂，和同事配合起来也有问题，于是刚上了一个星期的班，童文红就提出辞职不干了。

这时人事部领导对她说，她是目前为止第一个主动离开阿里巴巴的人，如果一遇到困难就退缩，那就算换了别的工作，还会遇到同样的问题，到时又该怎么办？接着问她"可不可以坚持下去试试？"

人事部领导的话，一下子让她打消了辞职的念头，从此沉下心来，踏踏实实做好自己的工作。一年后，童文红被调到了客户支持部。因为表现出色，3个月后，她被任命为行政部经理。

童文红刚进入阿里巴巴的时候，马云在公司内部分配股权，给了当时还是前台的她0.2%的股权。按照马云的说法，只要她一直在公司干下去，等到公司上市了，她将拥有1亿元。

每次童文红问马云，公司什么时候能上市，马云的回答总是

"快了"。而这一等，就是 14 年。2014 年 9 月，阿里巴巴在纽交所成功上市，市值 2457 亿美元，正如马云当初承诺的那样，童文红的个人身家达到了 3.2 亿美元。

如果没有当初的坚持和后来的不断努力，也就不可能有童文红在阿里巴巴创造的传奇。

童文红的经历，就是典型的"岗位成功学"：

不管在什么样的岗位上，都要把它做到最好，做到极致，做到让人无法代替。

一旦认准了自己的选择，就要毫不动摇地坚持下去。

刚开始，是你成就了岗位，但最后，岗位又会反过来成就你。

（二）与其频繁跳槽，不如单位"跳高"

或许有人会说，童文红选择的是阿里巴巴，当然值得做好并坚持下去。

其实，哪怕在非常普通的岗位，都可以有所作为。

有时候，别人都放弃、都做不好的，或许恰恰就是我们的机会。

在日本被誉为"经营之圣"的稻盛和夫，在所写《干法》一书中，谈到了他大学刚毕业时的一段经历。

大学毕业后，稻盛和夫进入了京都一家制造绝缘瓷瓶的企业——松风工业工作。松风工业曾经是日本行内具有代表性的优秀企业之一，但当时已经濒临破产，迟发工资更是家常便饭。

和他同期入社的人，都觉得待在这样的企业一点前途都没有，应该有更好的去处，因此聚在一起时牢骚不断。

当时正处于经济萧条时期，就算是这样的公司，稻盛和夫也是经过恩师的介绍才好不容易进去的。

不到一年时间，同期加入公司的大学生都相继辞职了，只剩下他和另外一位大学生。于是两人决定报考自卫队干部候补生学校。结果都考上了。

但稻盛和夫的哥哥却拒绝将入学需要的户口本复印件寄给他，理由是"家里好不容易供你念完大学，多亏老师介绍才进了京都的公司，结果你不到半年就忍不住要辞职。真是一个忘恩负义的家伙"。

这样一来，就只剩稻盛和夫一个人留在这家破败的公司。

到了这一步，稻盛和夫反倒想明白了：

"只是因为感觉不满就辞职，那么今后的人生也未必就会一帆风顺吧。"

于是他决定先埋头工作。

当时他的任务是研究最尖端的新型陶瓷材料，为了集中精力，他把锅碗瓢盆都搬进了实验室，吃睡都在那里，开始不分昼夜地工作。

为了掌握最新的资讯，他还订购了有关新型陶瓷最新论文的美国专业杂志，一边翻辞典一边阅读，还经常到图书馆借阅专业

第二章 想成为了不起的"牛人",当员工时就该学习自我管理

书籍。

就是在这样拼命努力工作的过程中,不可思议的事情发生了:他在大学学的是有机化学,还不到25岁,却已经在无机化学领域取得了一项项出色的科研成果,并成为这一领域令人瞩目的新星。

不仅如此,曾经一度让他感到迷茫甚至有些反感的工作,居然变得"太有意思了,太有趣了,简直不知如何形容才好"。工作不再是苦差事,而是让他感到发自内心的快乐。也就是从这时候开始,他的人生在不知不觉中步入了良性循环。

27岁那年,稻盛和夫创办了京瓷集团,52岁创办第二电信,这两家公司都进入了世界500强。而这些成就的背后,都离不开他在松风工业的那段经历。

稻盛和夫的这段成长过程,对很多工作稍不如意就想跳槽的员工来说,无疑是当头棒喝。

我们并不反对换工作,因为换工作也是人才正常流动的体现。但要时刻提醒自己的是:

与其频繁跳槽,不如在岗位练能,在单位"跳高"。

很多时候,我们要换的不是工作,而是心态。

如果只是一味地挑剔,那么无论换多少份工作,都不会感到满意。

反过来,如果能把当下的工作做好,那么无论什么样的工作,都可以成为迅速成长的契机。

自我管理不是压抑自我，而是更好地实现自我

一、成长来自肯定，成熟来自"折磨"

二、越自律，越成功

三、越有"空杯心态"，越有非凡超越

尽管自我管理对每个人的发展都特别重要，但也有人觉得自我管理会压抑自己的个性。

的确，自我管理不仅意味着我们要离开自己舒适区，去经历种种磨炼和考验，还需要我们有敢于承认自己不足、能够接受和听取别人的不同意见和批评的勇气。

但这些对于成长是必要的，它有助于去掉我们身上一些不好习气，更好地激发出自己的潜能，让我们有能力、也更有自信去实现更好的自己。

一、成长来自肯定，成熟来自"折磨"

"不经敲打"，这是很多刚刚步入职场的员工普遍存在的心理。主要表现为：

稍有不如意，首先想到的是换工作，而不是思考自己应该具备什么样的能力，才能更好地和工作相匹配。

一受到批评，立刻将委屈和不高兴"挂在脸上"，而不是反思自己有哪些地方需要改进和提升。

一听到不同意见，就觉得自尊心受到了很大的打击，总是第一时间申辩和反击，而不懂得去接纳和倾听。

一遇到挫败，就消极怠工，而不是总结经验和教训，缺乏越挫越勇、绝不在同一个地方跌倒两次的自我挑战精神……

在单位，希望得到来自领导、同事、客户、合作伙伴等的肯定，本身无可厚非，因为每个人的成长都需要肯定。

但仅有肯定远远不够，如果只有肯定，我们就会看不到自己的盲区，失去继续完善和提升的动力。我们更需要成熟，而成熟，往往需要经过种种"折磨"和历练后才能获得。

<u>（一）不是让工作符合自己的期望，而是让自己</u>符合工作的要求

认识到这一点，是我们在职场中开始走向成熟的标志。

曾经在杂志上看到过一篇名为"第九次微笑"的文章，作者讲述了自己刚毕业时的一段经历：

大学毕业那年，她应聘到广州一家颇有名气的四星级涉外酒店餐饮部当服务员。她很珍惜这份工作，因此特别努力，一直表现得很出色。

然而，就在试用期结束的前两天晚上，发生了一件她意想不到的事。

那天晚上，一位港商模样的客人单独要了一个包间，并指名让她调一杯咖啡送过去。由于当时正忙于给其他客人服务，因此当她将咖啡送进去的时候，已经距离客人要求的时间过去 20 多分钟了。

尽管她一再微笑着向客人解释，但客人却并不领情，甚至一

扬手将咖啡溅到了她身上。

虽然心里也有些委屈,但她觉得,客人发脾气也并非完全没有道理。于是在接下来的时间里,她更加尽心地为客人提供服务。但客人却始终不满意,不管她怎么做,总能挑出毛病。尽管如此,她还是自始至终都保持着微笑。

临走的时候,客人冷着脸要求她拿出意见簿。当时她心里一沉,知道如果被客人投诉,那么自己在这三个月试用期的努力都白费了。但她还是表现得很有礼貌,微笑着给客人拿来了意见簿,不仅再次对自己当晚的服务不佳表达了歉意,而且诚恳地请客人写下意见和看法,表明自己会接受批评、努力改进。

听了她的话,客人犹豫了一下,但最终还是提笔写下了措辞十分严厉的意见,指责她素质低、不称职。

她觉得十分委屈,下班后忍不住跟同事倾诉,同事也为她愤愤不平,有人建议她将客人的意见撕了,反正领导也不会知道。

她认真想了想:如果将顾客的意见交上去,那么意味着自己将失去酒店的工作,第二天也就没必要去上班了。但如果将客人的意见撕掉,则属于欺骗行为,自己不能够这样做。

最后,她还是决定将意见交上去,而且第二天照样去上班,因为她觉得,自己只要一天还是酒店的员工,就有责任做好一天的工作。

果然,在餐饮部经理宣布的录用员工名单中,没有她的名字。正当她失望地准备离开时,经理又宣读了一份据说是酒店总经理

第三章 自我管理不是压抑自我，而是更好地实现自我

特别提议的任命书，任命她为餐饮部领班。

原来，那天对她百般刁难的客人，是酒店的总经理。之前因为听到关于她的各种好评，特意过来对她进行考察。

在整个过程中，总经理对她的服务感到很满意，尤其对她面对客户的各种挑剔始终保持微笑印象深刻，这样的微笑，一共有九次。最后，在意见簿上，总经理很想写下表扬的评语，但还是决定最后再考验她一次，结果她顺利通过了。

文中作者的经历，并不是什么大事，但类似的情景，很多刚刚步入职场的员工都会遇到。

文中的作者，看上去的确受到了不公平的对待，有理由抱怨和委屈。但每份工作都有它的职业标准，既然选择了酒店服务的职业，那么学会用积极的心态去面对顾客的挑剔，就是应该具备的基本职业素养和要求。

很多人之所以在单位和职场感到不适应甚至痛苦，往往就在于只想工作符合自己的要求，而不想自己应该怎么先学会主动去适应工作。

因此，首先管理好自己对职业的基本认知，想明白、问清楚："我的职业特点是什么？""这份工作需要我具备哪些基本的职业技能和素养？""我还需要在哪些方面努力，才能符合这个领域对更高端人才的要求？"

问清楚并想透了这些问题，并朝着积极方面去改进和提升，才是我们最快融入工作、找到自己位置的方式。

（二）越能经受得住考验，越能担当得起重任

我们常常说，"欲戴王冠，必承其重"。往往在单位也一样，在获得更好的机会尤其是担当更重要的职位之前，往往需要经历各种不同的考验。

一次，我在清华大学给职业经理人讲课时，一位学员分享了这样一个案例：

一家大企业的副总裁职位出现了空缺，当时有两个部门经理都很有希望竞争到这个职位，两人无论学历还是能力都很相当，也有各自支持的员工。

就在两人暗暗较劲争取的时候，公司却做出了一个让人意外的决定：派两人分别到两个比较偏远的分公司任职。

被派往北方分公司的经理对这样的决定很不满意，整天牢骚满腹，不仅自己一蹶不振，而且使整个分公司团队的士气更加低迷。

而被派到南方分公司的经理则正好相反，丝毫没有抱怨，而是积极想办法加强管理、改善流程，让分公司的状况在短时期内就有了改观，业绩也明显有所提升。

4个月后，公司做出决定，任命派往南方分公司的经理为副总裁。

而这位副总裁，就是讲述这个案例的学员。在分享的时候，

他谈到自己对当时公司董事长的一番话印象特别深刻：

"之所以将你们两人调到分公司任职，并不是因为你们工作上出了什么差错，而是想看看你们在对待'冷板凳'的态度上，能否通过考验。"

这个故事告诉我们一个很重要的道理：

"要坐金板凳，先坐冷板凳。"

的确，单位用人，最担心的是将不合适的人放到了重要的位置上。担当重任，意味着要具备带领整个团队应对各种变化和环境的能力。因此，我们在顺境中的表现固然重要，但坐好"冷板凳"的能力同样不可或缺，这也是企业和单位评判人才的一个重要标准。

（三）上等学子，在师长的"折磨"中成长

星云大师曾经说过这样一段名言：

"上等学子，能接受师长的折磨，忍耐上进；

中等学子，能接受师长的鼓励，奋发图强；

下等学子，能接受师长的赞美，爱中成长；

劣等学子，什么都不能够接受，一事无成。"

这里的"师长"，可以是领导、同事、客户、合作伙伴，等等，凡是在某些方面比我们优秀、能够给我们指点的，都可以称为"师长"。

而所谓的"折磨",是当他们指出我们的缺点和不足的时候,哪怕我们觉得很刺耳、很难受,但仍然有勇气去接受和改正。

二、越自律,越成功

自律,就是自我控制和自我约束,懂得取舍:坚持那些可能一时会让我们难受,但却能长远受益的;舍弃那些能让我们暂时愉悦和满足,但对将来无益甚至存在风险和隐患的。

斯科特·派克在《少有人走的路》里说:

"自律,是解决人生问题的首要工具,也是消除人生痛苦的重要手段。"

其实,自律不仅是解决很多人生问题的首要工具,也是解决很多工作问题的首要工具。越懂得自律的员工,越容易成功。

(一)越自律,越能获得机会

一方面,明明知道学习是提升职场竞争力的最好途径,另一方面,就是不愿意去下苦功夫;

心里也明白,同样的事情,完全可以用更高的标准做得更好,但别人都那么做,我也就随大流……

这样的状态,在职场普遍存在。当一个人内心缺乏自律的时候,无论在行动还是想法上,都很容易被习惯和环境所影响和左

第三章 自我管理不是压抑自我，而是更好地实现自我

右，也不可能真正有很大的发展和成就。

所以，自律的核心之一，就是时刻对自己想要妥协的念头保持警觉，并且不让自己被它牵着走。

机会往往偏爱那些懂得自律、对自己有要求的人。

世界知名刑事鉴识专家李昌钰，从年轻的时候开始，就是一个非常懂得自律的人。

在他的《神探李昌钰破案实录》一书中写了这样一件事：

有一次，缅因州州长打电话给我，该州的刑事化验室主任一职空缺，他想请我做主考官，主持应征者的口试。我欣然答应了。谁知在口试前一天，美国东部地区发生大的暴风雪，地面积雪很厚，许多道路都被封锁，妻子劝我不要去，因为天气恶劣，应征者都不可能出席。

但是我说，答应过的事情就一定要办到。我们便提早出门，平时只需要五六个小时的车程，由于在大风雪中阻塞严重，路途险状环生，我们花了十几个小时才赶到缅因州，赶到时刚好是清晨八九点，面试在9点钟开始，当我在9点钟准时出现时，州长和其他主管都大吃一惊，他们原来以为我从新闻报道中得知大风雪的消息，一定不会到场。

果然不出妻子所料，当天早上没有一个应征者出现。到了下午，有一位应征者赶到，他虽提前一天出发，但是由于道路阻塞而迟到了。他的资历与其他人相比虽然不是最好的，但是我认为

他能冒着大风雪赶来应征,答应过的事情不管有多困难都去努力完成,精神十分可嘉,便建议州长录用他,州长马上同意了我的建议。

这个案例里,无论是李昌钰还是那位唯一的应征者,都表现出了可贵的自律精神。连当主考官这种小事都能严格自律,我们也不难明白为什么李昌钰能成为世界知名的刑事鉴识专家了。

而同样,对于那位应征者来说,尽管条件不是最好的,但自律却让他获得了本来可能不属于他的机会。

从那些懂得自律的人的身上,我们能看到相同的品质:

1. 有标准:不会因为别人不去做,就降低对自己的要求。

遇上这样的大风雪,无论是李昌钰还是那位应征者,即使不去也不会受到什么指责。但懂得自律的人,做任何事情,都有自己的标准,这个标准不会因为别人做不到或者不去做就降低。

2. 有原则:不管在什么情况下,都能够坚持到底。

尽管碰上了恶劣的天气,但不管是李昌钰还是那位应征者,并没有接到取消面试的通知。那么就像李昌钰说的那样"答应过的事情就一定要办到",这既是诚信,也是自己应该坚守的原则。

当然,对于一个懂得自律的人来说,原则不仅仅限于诚信,还有很多,比如不管做什么都有底线,不该做的,即使有再多的诱惑,也不去触碰,而对于该做的,哪怕别人不理解、不认可甚至反对,也会坚持。

（二）越自律，越有自由和底气

知乎上曾有这样一个问题：你最深刻的错误认识是什么？

获得赞同最多的回答是："以为自由就是想做啥就做啥，后来才发现自律者才会有自由。"

对于什么是"自由"，哲学家康德曾经说过："所谓自由，不是随心所欲，而是自我主宰。"

"自我主宰"的根本就是掌控能力，具体到职场中就是：不管做什么事情，我都能够得心应手；任何时候，当机会来临，我都有足够的自信和底气去把握。

而这样的自由和底气，往往和自律精神成正比。

彭于晏是深受观众喜欢的中国台湾影视男演员，虽然他2002年就已经出道，但真正被大家熟悉和认可，还是在2011年主演了《翻滚吧！阿信》之后。

在此之前，彭于晏经历了7年的事业低谷。他曾坦言当时的自己很迷茫，他不断问自己，为什么别人能接到很多戏、拍那么多广告、有那么多粉丝、能赚那么多钱，而自己却不能？后来他想明白了，原因还在于自己，是自己不够好。与其沉浸在低谷中不能自拔，不如将低谷变成成长的机会。

就是在这种情况下，彭于晏开始了《翻滚吧！阿信》的拍摄。这是一部由台湾导演林育贤执导的励志电影，讲述的是从小拥有极好运动天份的阿信，因偶然的机缘被体操深深吸引并踏入了体操的世界。几番周折后，已经退出体操界的阿信决定重新追寻梦想，最终赢得了冠军。

就像影片中说的那样：

"如果你一生只有一次翻身的机会，就要用尽全力。"这既是片中主人公的自勉，也是彭于晏对自己的自勉。

为了演好这部电影，他完全用专业体操运动员的标准来要求自己，进行了历时 8 个月、每天十几个小时的魔鬼式训练。同时，为了达到理想的身材，他每顿只吃不加任何调料的水煮食物。

这样严格自律的结果，是凭着在这部电影中的出色表演，他入围了金马奖最佳男主角的候选名单。电影上映后，连奥运体操冠军刘璇和陈一冰都忍不住为他动作的专业而点赞。

《翻滚吧！阿信》对于彭于晏来说，仅仅是一个开始，从那以后，为了诠释好自己扮演的每一个角色，他几乎每拍一部戏，就学会一样新的技能：

为了拍摄《激战》，专门花了整整 3 个月时间跟着教练学习了泰拳、巴西柔术和锁技等；在拍摄《破风》之前，为了演好自行车赛车手的角色，他每天要骑行六七个小时，几乎骑遍了香港所有的山路，之后还要到健身房继续进行练习；为了拍摄《听说》，专门去学了 3 个月的手语，因为影片里有和聋哑人交流的镜头……

在拍摄完《邪不压正》之后，导演姜文曾对彭于晏给出了这样的评价:"特别佩服彭于晏,他不是一般人,他的自律性非常的强。"

演什么像什么,多有挑战的角色都能胜任,彭于晏一路飞跃的人生背后,是自律给了他这样的自信和底气。

虽然自律的过程往往并不美好,就像彭于晏为了拍摄《翻滚吧!阿信》付出了 8 个月的努力,每天不仅要进行 10 几个小时重复枯燥的高强度训练,还要抵挡住所有美食的诱惑。

这样的自律,不是每个人都能够做到的。但恰恰因为"难能",所以"可贵"。而自律的程度,往往决定了人生的高度和广度。

(三)自律的根本,在于对好习惯的坚持

最能体现一个人自律精神的,莫过于对好习惯不懈的坚持。

村上春树是日本著名的作家,他从 29 岁开始写作,至今已经 40 年。在这些年中,他创作了很多如《且听风吟》《挪威的森林》《海边的卡夫卡》等畅销世界的经典著作,同时一直也保持着高产的状态,迄今为止已出版了小说、散文、随笔 40 多部,平均每年至少一部。2017 年,村上春树推出的新作《刺杀骑士团长》,中译本首印就达到了 70 万册。

在其文字始终保持长盛不衰的创造力和生命力的背后,是村上春树对良好写作习惯的坚持:从 29 岁从事写作开始,每天要求自己写满 10 页 400 字一页的方格纸,也就是 4000 字。既不多

写,也不少写。写完了就果断地放下笔去做其他事,但如果没写完,不管多重要的事都不能让他放下手中的笔。

另外,为了让自己能够保持良好的写作状态,从 33 岁开始,村上春树每天都拿出 1 小时跑步锻炼,这个习惯同样雷打不动,已经坚持了 30 多年,他甚至还因此成了专业的马拉松运动员。

不仅村上春树,很多优秀的人都有将好习惯坚持下去的品质,如台湾作家林清玄也有每天坚持写 3000 字的习惯,不一定为了发表,而是为了让自己始终保持对文字的敏锐。

当然,即使是好习惯,要始终如一地坚持下去也并不容易。

为此,最重要的一点,是我们对习惯产生认同感。

意识到对某种好习惯的坚持,会对自己的整个人生产生积极而有益的影响。

这样,我们才能真正获得坚持下去的动力。

三、越有"空杯心态",越有非凡超越

(一)越能"倒空自己",越能超越自我

空杯心态,简单说就是随时倒空自己、敢于归零的心态,来源于这样一个故事:

南隐是日本著名禅师。

一天,一位名人来向他问禅。说是问禅,但自始至终都是名

人在喋喋不休。于是南隐默默将茶倒入名人的杯子。

眼看着茶水都溢出杯外了,名人赶紧说:

"不能再倒了,已经满了!"

南隐说:

"是啊,已经那么满了,怎么还能够倒得进去呢?"

当我们的心像那个杯子一样,装满了自以为很重要的东西,比如知识、经验、优秀、地位等,就很难再接纳新的东西。

如果不想在原地踏步,只有敢于倒空自己,才有超越和进步的可能。

空杯心态,可以为我们创造如下奇迹:

第一,越不崇拜自己的优秀,越能创造更大的优秀。

第二,越能走出"光环",越能创造未来的辉煌。

(二)既不膜拜曾经的优秀,也不惧怕一时的低谷

"我可是名牌大学毕业的高材生,怎么可能从这么基础的事情做起?"

"我是这方面的专家,别人怎么可能比我更权威?"

"我已经到了这样的位置,怎么可能重新开始?"

……

空杯心态最大的敌人,就是类似"我可是(我已经)……怎么可能……"的思维模式。很多时候,束缚我们的并不是外在,

而是那些我们内心自认为骄傲和自豪的东西。

松开的手比紧握的手拥有更多。

空杯心态的关键，就是能够放下、懂得接纳：不被自己所谓的优秀捆绑，凡是能够让我们成长和超越的，都愿意去学习和尝试；无论环境怎么改变，哪怕从人生的高峰到低谷，都可以坦然面对，能够从零开始。

"烧不死的鸟是凤凰"，这既是华为的经典口号，也是华为人对待委屈和挫折的态度和挑选干部的准则。而这句话，是从现任华为海洋 COO 毛生江的一段经历中总结出来的。

毛生江于 1992 年加入华为工作，1995 年 11 月调任为市场部代总裁。然而上任才 2 个月，毛生江就面临了工作上的一次大震荡。

当时，华为经过近 10 年的发展，已经基本实现农村包围城市的目标。但管理上的问题也开始暴露：很多干部无论在思想还是能力上，都已经明显跟不上城市市场。

为了整个华为未来的发展，1996 年 1 月，时任分管市场部的华为副总裁孙亚芳带领全体部门正职做出了一个惊人之举：向公司送交了两份报告——辞职报告和 1995 年度述职报告。这两份报告，一方面表达了大家如果跟不上公司发展的步伐，就自愿辞去部门职务，让更有能力的人接替自己的决心；另一方面，也以述职报告的方式让公司进行评审和挑选，留下那些可以继续在公司发展的人。

第三章　自我管理不是压抑自我，而是更好地实现自我

在这场集体大辞职中，才当了两个月的代总裁的毛生江被降职。1996年5月，毛生江被调至新成立的终端事业部任总经理；1997年1月，调任华为通信副总裁；1998年7月，又调任至山东代表处代表、山东华为总经理。

面对降职，毛生江选择了接受。到山东后，毛生江仅用了短短一年时间，就让销售额同比增长了50%，回款率接近90%。2000年，因为业绩突出，毛生江升任华为执行副总裁。

在华为市场部集体大辞职四周年颁奖典礼上，华为总裁任正非这样说道：

"毛生江从山东回来，不是给我们带来一只烧鸡，也不是给我们带来一只凤凰，因为虽说烧不死的鸟是凤凰，但凤凰也只是一个个体，凤凰是生物，生物是有时限的。我认为他给我们带来的是一种精神，这种精神是可以永存的。"

"在市场部集体大辞职中，毛生江是受挫折最大的一个人，经历的时间也最长，但是他在这四年中得到了很大的锻炼，也得到了很大的成长。"

从此，"烧不死的鸟是凤凰"也成了华为的经典口号。

对于这段经历，毛生江曾经在某次座谈会上总结说："1996年是我再读人生的一课，是对自己品质、品德、思维能力、反应能力、适应能力、包容能力全面检验和练就的关键一课。读人生之书给了我极大的启示和收益。不想当将军的士兵不是好士兵，当不好士兵的将军同样也不是好将军。"

"关心我的人经常会问我,我对这些在不在乎?别说我不在乎。我在乎的是华为的兴旺和发展;在乎的是一代华为人付出的青春、热血和汗水;在乎的是我能够继续为华为做些什么;在乎的是自己从工作中不断磨炼出来的自信心;在乎的是战友们的期望和嘱托。其他,比如什么面子、位置,等等那些虚的东西,我是真的不在乎!"

在两种情况下,我们最需要有空杯心态:

一是从高峰到低谷,二是当曾经拥有的"优秀"和更好的成长发生矛盾和冲突的时候。

而毛生江的这段经历,可以说是对这两点最好的诠释:

"不想当将军的士兵不是好士兵,当不好士兵的将军同样也不是好将军!"

人生总是有起有伏,即使从将军到了士兵,也没有什么大不了的,也能够有自信重新来过。

"那些虚的东西,我是真的不在乎!"

当自我的成长、外在的环境、团队的需求、企业的发展等需要我们放下曾经的"优秀",那么所谓的面子、位置、经验和成功这些都不重要,该改变就去改变,该做什么就心无旁骛地去做什么。

学会松开你的手,因为,松开的手比紧握的手拥有更多。

第二单元

好员工如何进行自我管理

第四章　管理好动机：从"要我干"到"我要干"

第五章　管理好目标：制心一处，无事不办

第六章　管理好角色：不缺位、不越位、能补位

第七章　管理好执行：不仅要做事，更要做成事

第八章　管理好效率：不重苦劳重功劳

第九章　管理好人际关系：让助力多起来，让阻力少下去

第十章　管理好风险：敬畏是智慧的开端

第四章

管理好动机：从"要我干"到"我要干"

一、"自燃型员工"最走红

二、不要别人逼，自己就做好；不需别人问，自己早做好

三、先让你的付出超过报酬，然后你的报酬就会超过付出

我们都有过这样的体验：当我们发自内心愿意去做一件事的时候，即使过程中遇到各种问题，我们都会全力以赴，想办法去解决和完成，结果往往比预想的还要好。反过来，如果是很被动地去做一件事，即使没有困难，效果也往往会大打折扣。

这就是"我要干"和"要我干"的区别。管理好自己的动机，就是要完成从"要我干"到"我要干"的转变。

一、"自燃型员工"最走红

日本"经营之圣"稻盛和夫在他的《干法》一书中，提出人有三种类型：

1. 自燃型，不点自燃，这种人不需要激励，自己会主动找事做。
2. 点燃型，能通过有效的外界刺激激发自身动力。
3. 阻燃性，不管怎样都还是愿意维持现状。

毫无疑问，这三种员工中，最受欢迎的是"自燃型员工"。这类员工最大的特点是"主动"：主动去学、主动去想、主动去做、主动去承担、主动去解决问题……

（一）想拥有机会，先主动做好一两件事

NBA著名球星乔丹曾经说过："主动不主动，相差一百倍。"

对此，我自己就深有体会。因为刚开始不懂得这一点，毕业

第四章 管理好动机：从"要我干"到"我要干"

后我曾经走过很长一段弯路。在经历了种种不如意和四处碰壁之后，我终于明白了，机会不是别人给的，而要靠自己主动去创造，这才彻底迎来了命运的转变。

20岁那年，和很多大学毕业生一样，我满怀激情与大展宏图的憧憬走入了职场。毕业于重点大学，在校期间就曾在几家著名刊物上发表过作品，并接受过校长的亲自颁奖，这些都让我充满了自信。

然而，现实却给了我当头一棒。进入报社后，我先是被分到夜班做校对，在当时的我看来，这是连中学生都能干好的工作，根本没有技术性和挑战性可言。后来好不容易到了采编部门，但安排给我的都是些编编豆腐块稿件的小活。

我想要证明自己的能力，但没有人给我机会。"怀才不遇"的失落让我感到极度苦闷，不仅开始否定自己，甚至怀疑自己的职业选择是否正确。为此，我还专门单独找过报社社长，但他对我的态度始终是客气而又冷淡，之后，该没有机会还是没有。

就在我感觉快要坚持不下去的时候，和一位老记者对话，彻底改变了我的命运。

那次，我和报社一位名叫吴谷平的副主任一起出差。采访结束后，回到宾馆已经很晚了。老吴很快就酣然入睡，但我一想到自己目前的困境，翻来覆去无论怎样都睡不着。终于，在深夜两点的时候，我把老吴给吵醒了。

虽然有些不高兴，但老吴还是很有修养地问我怎么了。我当时很不好意思，于是赶紧解释：

"对不起，老吴，我是真的很困惑……"

"困惑，整天就见你困惑！"没等我把话说完，老吴就没好气地打断了我。看来，我在报社的表现，就连老吴都觉得不满。

但老吴是一位懂得关心和理解别人的好同事。既然已经醒了，他索性打开灯坐起来，问我到底因为什么而困惑。

听完我的讲述，老吴大吃一惊，因为在他和报社同事的印象里，我就是一个眼高手低的大学生，没想到我其实也很有理想和抱负。

但老吴并没有安慰我，这位复旦大学毕业的高材生深思了一会，然后像是自言自语地说了一句话：

"人哪，怎么这么傻呢，老说自己怎么怎么样，为什么就不知道先做一两件事给人看一看呢？"

老吴的话使我如同醍醐灌顶，我突然一下子找到了开门的钥匙。

老抱怨没有机会、怀才不遇有什么用，你做过什么让人刮目相看的事情来证明自己的能力，来让人相信值得把机会给你？

心态的转变，让进入职场来一直压在自己心头的巨石，一下子落了地。

很快，转机就来了。

不久，我回到属于老区县的老家休探亲假。本来这次休假没有工作任务，但我却利用这段时间，对老区为什么这么贫困进行了全面采访，并针对老区"越穷越左、越左越穷"的现状写出了系列报道。

第四章 管理好动机：从"要我干"到"我要干"

这是国内第一套为老区叫穷的稿件，在当时产生了很大的影响。也就是从这套报道开始，我感到自己的机会越来越多，遇到一些重大、"难啃"的报道，领导也越来越喜欢交给我去完成。

之后，我又选择了更大的挑战，开始了终生难忘的"湘西纪行"：到湖南最偏僻的湘西去采访。因为去的都是平时几乎没有人去的地方，4000多里的路程，全都是凭我自己的一双脚走完的。

这一次"湘西纪行"，我整整走了108天，写出了48篇报道。这套系列报道登出来后，省里很快开会决定，立即拨款启动对于湘西的扶贫计划。报社也为此特意向省政府请功，省政府很快做出决定，给我记功一次。

同时，省委宣传部部长还特意为此写了4000多字的文章登在《湖南日报》上，号召全省记者向我学习，他在文中这样说道："一个年轻的记者，才二十几岁，做了好多记者不愿意做，也不敢做的事情。"

我至今仍然清楚地记得，当时报社给我举行了庆功大会。当坐在主席台上的我做完典型发言，开始听社长做总结让大家都向我学习的时候，我心中突然浮现起当初自己去找社长的情景来。

社长还是那个社长，但为什么前后不过短短两年时间，他对我的态度和看法却有着天壤之别？其实，社长没有变，他衡量人才的标准始终如一。变的是我自己，是我主动做出了调整。那把改变命运的钥匙，不在别处，而一直都掌握在自己手里。

我曾经多次在员工培训中分享过这段经历，也引起了很多人的共鸣。对于这段经历，可以总结为如下两点：

第一,成功是一扇从内到外打开的门,我们之所以不成功,是因为自己把自己关在里面。

第二,在获得第一个机会之前,先主动做一两件漂亮的事情给别人看看。

你要第一时间了解单位对于人才的衡量标准是什么,然后用尽可能短的时间达到这些标准。

只要你根据单位需求,先做好一两件漂亮的事给人看,就不愁得不到机会。

(二)你眼中有活,领导就会心中有你

眼中有活,懂得处处主动的人,往往能够赢得比别人更多的机会。

什么是眼中有活?

我曾经和曾任中青在线总经理的刘雪红讨论过关于招聘的一些细节问题。她谈到每次有人来面试,她都会先拿着纸杯到饮水机前给对方倒一杯茶,并根据观察对方自然流露出来的表现,做一个初步的判断。

对待这杯茶的表现,大致可以分为三种:

第一种,一动不动,心安理得地坐在椅子上等着,甚至接过茶杯的时候连一声"谢谢"都不说。

第二种,双手接过茶杯并道谢。

第三种，会立即站起来，表示不用麻烦她，自己来就可以了，并接过纸杯，自己到饮水机前倒水。

刘雪红认为，通过这一杯茶，可以初步判断出面试者的不同素养。

第一种人，应该比较自我，觉得别人为自己做什么都理所当然。

第二种人，虽然懂得礼貌，但不够主动。

第三种人，是"眼中有活"的人。

在条件相当的情况下，她会首选第三种人，并在工作中给予比较重点的关注，其次会考虑第二种人，而会打个问号的，是第一种人。

虽然我们不能仅仅通过一杯茶就对一个人下绝对的结论，但这也从一个侧面反映出，作为领导，都希望自己的下属具备主动的精神。

其实，在职场中，类似的"面试"处处存在，机会总是最青睐那些能够主动付出的人。

对于主动的人来说，没有"多一事不如少一事"，也不会计较"额外的付出会不会有额外的回报"，只要是对自己的成长有益的、对企业的发展有利的事就会去做。

（三）越懂得"我在为自己工作"，越有"自燃"的动力

如果抱着"是单位（领导、同事、客户）让我做，我不得不

做"的想法去工作，工作注定就是"苦差事"，我们不会从中感受到任何快乐，更不用说能够自动自发地去工作。

能够"自燃"的动力，是明白"我是在为自己工作"。

新东方的创始人俞敏洪曾经在"为自己而工作"一文中这样写道：

你做任何工作都是在为自己工作！……你在任何工作中积累的经验、资历和智慧永远都属于你自己。

在这个世界上，名声、地位、金钱、财富，别人都可以从你身边拿走。

不管你有多少钱，它们都可能在一夜之间消失，但是你在工作中所积累的经验、资历和智慧，是别人永远拿不走的。

你在工作中所积累的经验、资历和智慧，是别人永远都拿不走的。这就是我们为什么是在为自己工作的核心。

不是工作需要我们，而是我们需要工作——先在工作中历炼和提升自己，然后在工作中体现和实现自己的人生价值和意义。

二、不要别人逼，自己就做好；不需别人问，自己早做好

这两句话是主动精神落实到具体行动中的体现。

"不要别人逼，自己就做好。"强调的是执行力，凡是交给自己的事情，都能够很好地完成。

第四章 管理好动机：从"要我干"到"我要干"

而"不需别人问，自己早做好"，是不仅做了，而且好到出乎人的意料。

（一）做一个让人"安心"的员工

在给一些管理者做培训的时候，我们曾经和大家一起探讨过，他们最愿意将事情交给哪一类员工？认可度最高的答案是：让人"安心"的员工。

"安心"的标准是：

你交代过的事情，他不仅能够做好，还能让你及时了解事情的进程。如果在做的过程中遇到了问题，他首先会自己想办法解决，如果自己解决不了，他会立即反馈，并提出有操作性的解决方案和建议。

有让人"安心"的员工，就必然有让人"不安心"的员工。让人"不安心"的员工又会是什么样的表现？我们先来看一个案例。

在"中国青年网"上，曾经登过一篇"职场人士忌犯这样的错误"的文章。文中，一位管理者谈到了这样一件事：

一次，他到北京参加一个会议，同行的还有被安排了其他事情的 A 经理。路上，他跟 A 经理谈到了自己第二天上午 8 点半左右要参加会议。

因为名片用完了，而自己晚上有其他的一些事情，于是他交代 A 经理将 U 盘里的会议邀请函打印出来，另外再帮他做一盒名片。

晚上 9 点多，他回到酒店，让 A 经理将邀请函和名片拿给他，谁知 A 经理居然说还没有去做，原因是他没有交代这些要急用。

顾不上跟 A 经理发火，他马上拿着 U 盘去找还没有关门的打字复印店，好在最终还是将邀请函和名片打印出来了。

对于这件事，这位管理者在文章中这样写道："后来想了想，这件事我也有责任，所以我也就没再批评他（A 经理）……但是说实话，今后类似的事情我不敢再让他去做了。"

对于这个案例，我们先不论这位管理者本身有没有值得改进的地方，但 A 经理的做法，的确存在问题：

第一，接到任务第一时间开始行动，是做好执行的基础。

第二，领导已经明确告诉他第二天 8 点半要参加会议，紧不紧急，稍微动点脑筋就可以做出判断。

第三，即使真的不清楚是否紧急，也可以在接到任务的时候问一下领导。

第四，出现问题，自己首先要承担责任和解决问题，而不是让领导自己拿着 U 盘去找打字复印店。

领导不问、不催就不做，出了问题又置身事外，一件小事都做不好，又怎么可能让人安心把更重要的事情交给他？

这位 A 经理的职场发展前景，也就可想而知。

（二）有要求的要做好，没有要求的更要做好

我曾经一前一后用过两个课程助理，两人可谓对比鲜明。

第四章 管理好动机：从"要我干"到"我要干"

第一个不仅凡事需要我提醒，做事还特别马虎。举个小例子，我让她帮我扫描一些资料，她倒是准时在下班前发给我了。我打开一看，怎么扫描的就怎么发给了我（当时用的还是老式扫描仪，转换后经常有错别字，也不分段），既没有校对也没有分段，密密麻麻一大篇。我把她叫过来看，她很茫然地问我：

"扫描出来就是这个样子的，有什么问题吗？"次数多了，我有时候会跟她开玩笑说：

"看来，我需要再给你配一个助理才行。"

第二个则正好相反，什么事都不用我说第二遍。作为课程助理，她非常细心。比如每次讲课前，她都会提前帮我做好PPT课件，再三检查是否已经完整复制在电脑里。为了防止出现意外，每次她还会在U盘里复制一份，同时在邮件里再发送和保存一份。这些都不是我要求的，而是她主动去做的。

有时候，她做事的主动精神，甚至出乎我的意料。

一次，我有一套丛书要出版，因为时间紧，校对完后，我觉得没问题了，准备交给出版社。但她却坚持再仔细检查一遍，于是加班将稿子又校对了一次，结果发现了几处明显的错误。

我觉得让她当课程助理有点大材小用，于是让她做了总经理助理，事实证明，她同样做得很出色。

对于两位助理，我的总结是：

做好有要求的，是应尽的本分，而做好没有要求的，则是独特的竞争力。

（三）听懂领导的"弦外之音"

这里的"弦外之音"，不是让我们整天去揣摩领导的心思，而是能够从领导对我们做事的态度中，明白他（她）对我们的工作有什么期待和要求。

比如上面提到的第一个助理，当我开玩笑对她说"看来，我需要再给你配一个助理才行"时，我的意思并不是真的要给她配一个助理，而是希望她明白自己的工作和我的要求有很大的差距。

主动的员工，往往能够一点就透。

海尔集团为了调动员工参与企业管理的积极性，会将企业职工在工作岗位上的各种小改革、小发明，以他们的名字命名挂在车间里。

这其中，就有以普通女工魏晓娥命名的"魏晓娥收集箱"。当时，海尔刚成立卫浴分厂，魏晓娥是分厂的一名女工。

分厂从日本引进的设备虽然先进，但有一个缺点：没有废料收集箱，废料离开工作台后就直接散落在地上，不仅无法保持环境的干净整洁，而且灰尘落到产品里还会造成次品出现。对此，当时管辖分厂的柴永森觉得不满意。

于是魏晓娥开始琢磨怎么改变这种状况。想来想去，最终想出了在工作台下设置废料收集箱的办法，这样，边角余料离开工作台后，就会直接掉进箱子里，既保持了环境整洁，又便于废料处理。

一个收集箱，并不是多么重大的发明，但体现的是主动思考的精神。

在工作中，领导不会直接告诉我们每一件事应该怎么做，这就需要我们能够主动去理解那些"弦外之音"，让自己的工作更加符合要求和标准。

三、先让你的付出超过报酬，然后你的报酬就会超过付出

这里的报酬，不仅仅指薪水，还包括认可、机会和职位等。

要想有所成就，就得先学会付出，越是能够不计较地先付出，往往得到的也越多，甚至超出你的期望。

（一）掌握"成功学的先付法则"

柯林斯是20世纪90年代美国著名的管理学家，也是管理学经典著作《基业长青》和《从优秀到卓越》的作者。36岁那年，当时还不怎么有名的他去拜访"现代管理学之父"德鲁克，并问了德鲁克一个问题：

"我怎么才能成功呢？"

德鲁克刚开始没有回答他。在柯林斯的一再追问下，德鲁克这样说道：

"如果你换一种提问方式，可能就成功了。"

"那我应该怎么问?"

"你应该问'我应该怎么贡献呢'?"

这次对话,不仅给柯林斯的生活带来了彻底的改变,也为我们总结出了一个重要的法则:

"先让你的付出超过报酬,然后你的报酬就会超过付出。"

这就是成功学的先付法则,值得我们牢记。

2018年4月15日,在第37届香港电影金像奖颁奖典礼上,"专业精神奖"由在片场负责茶水的杨容莲获得。之前这一奖项的获得者,都是电影幕后工作人员,而颁给一个普通茶水工,还是第一次。当她走上台时,全场所有嘉宾都起立为她鼓掌致敬。

为什么一个普通的茶水工能获得这样的殊荣?

三十几年前,杨容莲开始进入这行工作。当时制片人对她的要求是,照顾好导演和演员就好,其他的不用做。

但杨容莲觉得,其他工作人员也很辛苦,反正也就是多几个杯子多几杯水的事,不如一起照顾到。没想到,这样一来,杯子越来越多。她也不觉得辛苦,反而乐在其中。

茶水工的工作看似简单,其实并不好做。有时一个剧组上百人,不仅要记得每个人的口味,而且什么时候递毛巾、饮品或者盒饭,都有讲究。

而加班熬夜更是家常便饭。剧组不收工,茶水工就不能休息。最辛苦的一次,她跟着剧组连续熬了七天七夜。但她没有一点怨言,反而乐呵呵地说,要想不犯困,最好的办法就是多做事。

第四章 管理好动机：从"要我干"到"我要干"

三十多年如一日地保持这种工作状态，杨容莲并没有觉得自己特别付出了什么，但就是这种不计较的平常心，最终成就了这个独特的、会载入香港电影史册的"专业精神奖"。

拥有主动精神的员工，往往会做到如下三点：

第一，总比别人先做。有了新想法有观点要懂得先做，而不是等领导的提醒和吩咐。

第二，总比别人多做。跟客户谈判时，多做准备，做到客户想到的，也做好客户没想到的。在工作中也是同样，懂得反复多做的人一定能有所成就。

第三，总比别人做得好。别人做到60，我就要做到100，永远不要放松对工作的要求。

如果我们能够发自内心地热爱和尊重自己的工作，就不会计较付出。当我们在成就工作的时候，工作也会反过来成就我们。

（二）把"分外事"也当成"分内事"来做

关于付出，很重要的一点是，别把"分内事"和"分外事"分得太清楚。

在职场中，很多人都有这样的心态：该我做的我不会少做，但不该我做的，我绝对不会主动承担。

这样的想法看起来没什么毛病，但反过来想，连举手之劳的"分外事"都不愿去做、生怕吃亏的人，会是什么样的胸怀和格局，这样的人，值得委以重任或者交给他（她）一个团队去管理吗？

有一次，我遇到一位老朋友，他是一家知名企业的高管，在他身边站着一个年轻的小伙子，当老朋友介绍小伙子是他的助理时，我有点吃惊：

"才二十几岁就这么出色了！"

朋友说："我请他来我们公司是有原因的。"

于是，他给我讲了这样一个故事：

当时，他去招聘会上准备聘用一位助理，当天人特别多，现场很嘈杂，再加上天气闷热，许多招聘经理都忍受不了，准备回去了。我的这个朋友也想：看来是没有合适的人，这里太吵了，根本静不心来看简历，还是回去算了。

正当他起身要走的时候，大厅突然安静下来。"这是怎么回事？"大家都很纳闷。这时，站在朋友身边的一名工作人员说：

"有个来应聘工作的小伙子正帮助工作人员维持大厅的秩序。"

"应聘者维持现场秩序？我招聘这么多年，从来没见过这样的求职者。"

大多数人为了自己能找到合适的工作，只顾得上推荐自己，至于现场是否嘈杂，根本不会去理睬，毕竟那不是自己"应该"做的事情。

可是，这个小伙子却能主动为别人着想，真是难能可贵。

于是，朋友把那个伙子叫了过来，仔细看了他的简历，得知他正好要应聘经理助理一职，朋友想：这个职位最重要的就是要具备能够主动、细心做事情能力,而这个小伙子的表现不正体现了这一点吗?

于是,他当场就把小伙子录用了。这个小伙子也成为当天整场招聘会上第一个被相中的人才。

工作中,这名助理也处处积极主动,现在,他已经成为这个朋友的左膀右臂了。

工作没有什么"分内事"和"分外事",只要有需要,都是分内事。

不要总是抱怨没有机会,先找找自己和别人的差距在哪里,额外付出的那一点,往往就能让你获得额外的机会。

(三)要学会从"等事做"到"找事做"

"等事做"和"找事做",是两种截然不同的状态。前者是推一步走一步,而后者是不用推就主动往前走。

在工作中主动"找事做",最简单的方法是从"四个凡是"下手:

第一,凡是和单位的战略和需求挂钩的地方,主动找事做。

第二,凡是能够进一步改善工作效率的地方,主动找事做。

第三,凡是可以进一步提升自己能力的地方,主动找事做。

第四,凡是能体现团队合作的地方,主动找事做。

第五章

管理好目标：制心一处，无事不办

一、成功学的第一要点，是把梦想转化为目标
二、走出"间歇性踌躇满志，持续性懒惰依旧"的恶性循环
三、紧盯目标，不在影响目标的烂事上纠缠

就像出发之前要有目的地一样，在工作中，我们也需要有一个明确的目标。没有目标的努力，只能是"你看上去很努力"。

有目标，加上制心一处朝着这个目标靠近，努力才能落到实处。

目标管理是现代管理学最重要的成果之一。现代管理学之父彼得·德鲁克有两大贡献，即提出了"自我管理"和"目标管理"。可以说，正是因为有了目标管理，管理学才真正由一种理念变为科学。

优秀的员工，一定要把目标管理作为自我管理的重要内容来学习。

一、成功学的第一要点，是把梦想转化为目标

"成功的第一条法则，是把梦想变为目标"，这是著名成功学家拿破仑·希尔的一句名言。

因为梦想是虚幻、可以随时更改的，而目标却是具体而确定的。只有将梦想变为目标，我们才知道应该往哪个方向努力，努力才会有意义。

（一）有清晰的目标，努力才会有最好的效果

人的工作状态决定工作绩效，而好的工作状态是需要引导的。有一天，我经过路边的房产中介公司的办公室，看到墙上贴

第五章　管理好目标：制心一处，无事不办

着这样的文字：最上面一行：

"你上班没事做吗？"

中间是一堆提醒的话：

"算算你的钱包""算算你的银行存款""看看什么时候交房租""想想你多久没给爸爸妈妈寄钱""想想你选择的梦想""想想你要的理想生活""想想你要的美好爱情""想想你的竞争对手"。

最下面是这样一句：

"现在你有事做了吗？"

看完这些，很佩服这家店的领导，能以这样的引导方式来提醒员工尽快进入工作状态。

不过，仅有上面的这些积极引导的话，还是不够的，还得更进一步。

台湾著名漫画家蔡志忠曾经说过：

"每个人都说，我要努力，我要努力，我要努力，这样是不对的。去街上看，没有人不努力。一个人，下午三点半，冒着大太阳，骑着摩托车，你问他在干吗？他在努力赚钱。但这样的努力，不会达到最好的结果。所以要倒过来，一定要先想你要达成什么目的，需要什么条件，然后设计一条路去达成这个目的。"

蔡志忠的成长经历，就是先有目标，然后通过努力去达成的典型。

蔡志忠从小喜欢画画。小学三年级的时候，他确立了自己一生的志向：当漫画家。

当漫画家要会编故事、讲故事,这些能力从哪里来?最好的途径莫过于读书。刚刚 9 岁,蔡志忠就已经读了近 1000 本书,这在同龄人当中,是一个非常了不起的数字。

初二那年,蔡志忠开始向台北出版社投稿。虽然不知道自己什么时候才能当签约漫画家,但蔡志忠还是在 15 岁那年决定去台北,成为职业漫画家。刚开始,生活条件很差,住的地方连床都没有,画完画就把椅子拿起来放到桌子上,然后睡在桌子旁。对此蔡志忠一点都不在乎,因为"选择自己最喜欢的事,然后把它做到极致,是人生最大的快乐"。

为了完成一件工作,他曾经连续 42 天没有打开过门。还有一次,为了做一个电视节目的片头,他在椅子上一动不动地坐了 58 个小时,唯一在动的是手指头。但他不觉得苦,因为"你制心一处,置身一处,所有的全部都听不到"。

蔡志忠先后拍摄了多部动画电影,曾获得金马奖最佳卡通片奖,他的 100 多部作品在 30 多个国家和地区出版。2011 年,他获得了"金漫奖"。

蔡志忠曾经说过:

"任何厉害的人,从小就开始想通,这辈子要拿什么刷子混饭吃,及早就把刷子想好。"

每个人选择的"刷子"都不一样,对于蔡志忠来说,"刷子"就是手中的画笔。将这支笔发挥到极致,这就是他的目标。无论是从小远远超过同龄人的大量阅读,还是即使不知道什么时候能成为签约漫画家,也要毫不犹豫地拿起画笔,以及心无旁骛地长时间投入工作,都是为目标实现而付出的努力。

这些总结起来,就是"三有":

第一,有明确的目标。

第二,有实现目标的有效手段。

第三,有"制心一处,无事不办"的坚持和决心。

(二)明确你的目标

只有首先明确目标,接下来才会有实现这个目标的清晰思路,这步该做什么,下一步又该做什么,才会一点不乱,不至于做到最后徒劳无功。

新东方创始人俞敏洪在谈到自己的成功时,说这和他小时候父亲做的一件事有很大的关系。

俞敏洪的父亲是个木工,他有个习惯,就是在帮别人建完房子后,会把别人不要的碎砖乱瓦捡回来。

俞敏洪不明白父亲为什么要把这些"无用"的东西搬回家,"直到有一天,一间四四方方的小房子居然拔地而起。父亲把本来养在露天到处乱跑的猪和羊赶进小房子,再把院子打扫干净,我家就有了全村人都羡慕的院子和猪舍。"

这件事给了俞敏洪很大的启示,以后无论做什么事,他都会问自己两个问题:

一是做这件事情的目标是什么。因为盲目做事就像捡了一堆砖头而不知道该干什么一样。

二是需要多少努力才能把这件事情做成，也就是需要捡多少砖头才能把房子造好。之后就要有足够的耐心，因为砖头不是一天就能捡够的。

"我生命中的三件事证明了这一思路的好处。"俞敏洪说。

第一件是高考，目标明确：要上大学。第一年、第二年都没考上，第三年继续拼命"捡砖头"，终于进了北大。

第二件是背单词，目标明确：成为中国最好的英语词汇老师之一，于是开始一个一个单词背，最后终于背下了两三万个单词。

第三件是做新东方，目标明确：要做成中国最好的英语培训机构之一，然后就开始给学生上课，平均每天给学生上6～10个小时的课，很多老师倒下了或放弃了，但他没有放弃。

结果，三件事他都做到了。

这就是目标明确所产生的效果。

哈佛大学曾经做过一个著名的实验：

他们对一些条件相似的青年人进行了关于人生目标的调查，结果发现：

3%的人有十分清晰的长远目标；10%的人有清晰但比较短期的目标；60%的人只有一些模糊的目标；27%的人根本没有目标。

25年后，那些3%的人全都成了社会各界的精英，行业领袖；那些10%的人都是各专业各领域的成功人士，事业有成；那些60%的人大部分生活在社会中下层，事业平平；那27%的人过得很不如意，工作不稳定。

这两个案例告诉我们，目标必须明确。

那些东一榔头、西一棒子的做法，虽然从表面上看，似乎很努力，但最终结果却是做了很多无用功。

要想忙得有效果，就要像俞敏洪一样，首先明确一个目标，然后通过各种方法，让目标变成现实。

（三）把握目标管理的三大要点

目标管理有如下三大要点。

1. 目标需要量化。

量化的核心是，没有模糊，只有具体。比如说"我要成为一名优秀的销售员"，这就是模糊的目标，并没有太大的意义，因为缺乏衡量的标准，而"我要实现销售额超过 1000 万元"，则是将目标量化，不仅具体，并且有操作性。

2. 目标需要时间限制。

也就是目标的实现要有期限，没有期限的目标等于没有目标。不管是长远目标还是短期目标，不论是小目标还是大目标，都要有完成的时间表。比如，大到"4 年销售额超过 1000 万元"，小到"每个月读 4 本书"，等等。一旦有了时间限制，目标就不会停留在空想上。

3. 梦想写在沙滩上，目标刻在岩石上。

这是最重要的一点，也就是不达目标誓不休。

梦想可以很随意，就像写在沙滩上的字一样，随时都可能被海水冲刷掉。但目标不一样，一旦确定下来，就要像刻在岩石上一样，不轻易更改，直到实现它。

曾花是 CCTV《赢在中国》第三赛季的亚军，马云曾这样点评她："非常为曾花感到骄傲，为她在关键时刻身上所表现出来的拼搏精神、智慧和勇气。她将来的路非常之长，而且很有潜力。"

曾花身上的那股拼劲，从她做销售的一段经历就可以看出来。

她曾经去西门子 UPS 北京代表处应聘销售员。当负责面试的人得知她连 UPS（不间断电源）是什么都不知道时，不由连连摇头。眼看不可能有机会了，她连忙向对方说起自己曾经的销售业绩，并表示行不行都让她先试一个月，哪怕不给工资都行。

面试官被说服了，答应给她这个机会。当时曾花问了面试官一个问题：

"我们公司最牛的销售员的年销售额是多少？"

主考官看了她一眼，回答说："1000 万元！"

于是曾花在自己的本子上写下了一行字：我要超过 1000 万元。

谁都觉得她是在异想天开，没想到她凭着自己的努力和钻研精神，竟然真的实现了目标，曾创下了 1980 万元的年销售纪录，比第二名整整多出 1000 多万元，成为公司的"金牌销售"，也因此被提拔为市场部经理。

更有意思的是，当她实现目标后才知道，公司从来没有人的年销售额达到过 1000 万元，当初主考官的那"1000 万元"不过是为了激励她而随口一说。

有时候，当我们离开以往可以轻松做好的舒适区，设定一个更高的目标，反而能激发自己意想不到的潜能。当局限被突破，随之而来的就是更广阔的舞台和天地。

曾花的成功，正体现了对上述三大要点的把握：有量化、有时间限制，最关键的是：不达目标誓不休！

她的成功告诉我们，对目标越坚定，越能激发内在潜能。

当我们认定了一个目标，并相信自己一定可以做到的时候，往往就能激发出最大的潜能。

二、走出"间歇性踌躇满志，持续性懒惰依旧"的恶性循环

树立目标其实并不难，难的是在实现目标的过程中，始终如一地保持热情和良好的状态。

很多时候，一方面，我们知道要有所成就和突破，非树立目标不可，但另一方面，受以往惯性和惰性的支配，又很容易回到之前懈怠、随波逐流的状态中。

这就需要我们从"间歇性踌躇满志，持续性懒惰依旧"的恶性循环中走出来。

(一)目标越有使命感,越能获得长久坚持的热情

美国著名企业家、facebook 的创始人扎克伯格在 2017 年给哈佛毕业生演讲时,谈到了一个案例:

"我最喜欢的一个故事,是约翰·F. 肯尼迪访问美国宇航局太空中心时,看到了一个拿着扫帚的看门人,于是便走过去问他在做什么。看门人这样回答说:'总统先生,我正在帮忙将一个人送往月球。'"

对此,扎克伯格总结了一个精彩观点:

"我们是千禧一代,会出于直觉和本能发现目标。我站在这里要说的是,仅仅发现目标还不够。我们这代人面临的挑战,是创造一个人人都能有使命感的世界。

"目标使我们意识到我们是比自己更大的东西的一部分,是我们被需要的、我们需要为之努力的东西。如果这样去理解,目标能创造真正的快乐。"

当看门人将自己的工作目标赋予了使命感,就能从自豪和快乐感中获得长久坚持下去的热情。同样,当我们意识到,目标的实现,不仅能为自己创造价值,也能为更多的人带来改变和利益,那么,我们就能够获得对抗"持续性懒惰"的力量。

(二)将大目标分解为小目标,有步骤、分阶段去实现

在实现目标的过程中,很多人之所以很快放弃,是因为目标

本身定得比较高，一旦短时间内没有太大的效果，就容易产生厌倦感和挫败感，然后失去热情和信心。

因此，要学会将大目标分解为小目标，一步步去实现。

大学毕业后，我到一家知名省报当记者。和我同时进报社的还有几个非常优秀的大学毕业生。和他们相比，我并没有什么优势，有些地方甚至不如他们。

于是我给自己定了一个目标：一年之内，全面掌握各种新闻写作技巧，让自己成为同一批大学毕业生中最优秀的一个。

和别人遇到什么题材就写什么题材不一样，我有意识地给自己定了一个计划：

前三个月主攻消息，接着主攻通讯，然后是评论、特写……掌握和夯实了一种写法后，再去学习另一种。

主攻消息的时候，我脑子里整天琢磨的都是消息怎么写。当然，光琢磨没有用，关键还要学习。向报社的前辈学习是一个方面；另外，只要不到外地出差，我每天都会去报社的阅览室，大量翻阅当天的各种报纸。

遇到让我眼前一亮的标题，我就会如获至宝地记下来，反复琢磨它为什么吸引人。遇到写得很精彩的开头、结尾和段落，我也会一遍遍回味它到底好在哪里，如果遇到类似的题材，我能不能借鉴这样的写法，甚至有所超越？

就这样，一年过去了，我达到了自己的目标。两年后，23岁的我因为成绩突出，受到了省政府的嘉奖，并号召全省记者向我学习。作为一个迈出校门不久的年轻人能够获得这样的殊荣，可以说跟我第一年的目标密不可分。

"用一年的时间，成为同一批大学毕业生中最优秀的一个"，这是我给自己定下的目标。然后分别从消息、通讯、评论、特写……入手，一项项主攻和夯实，就是将大目标分解成小目标。

在将大目标分解成小目标的时候，有两点需要特别注意：

首先，最好一次只完成一个小目标，这样我们的精力和时间就不会过于分散，避免陷入"什么都想做，什么都做不好"的局面。

其次，不妨将相对简单易行的小目标放在前面，小目标完成好了，我们对完成总体大目标就会更有信心。

（三）以倒逼法对过程进行控制

所谓倒逼法，简单说就是以目标完成的时间为准，向前倒推每项工作完成时间的方法。

当我们对每一项工作、每一个小目标的完成都有明确的时间限制时，就会在心理上形成紧迫感，有效地减少自己的"拖延"和"惰性"。

举个简单的例子，7天要完成一份9000字的报告，那么可以这样运用倒逼法：

第7天，对报告进行最后的修改并提交报告；第4~6天，每天完成3000字的撰写；第3天，完成报告整体框架的构想；

第1~2天，完成资料的收集和整理。

这样一来，先做什么、后做什么、什么时间完成，就有条不紊、清楚明白。

倒逼法不仅让我们的工作变得主动，而且非常高效。要特别指出的是，如果目标的完成还需要其他人（部门）的配合时，那么不仅要对自己的完成时间有限制，还要对相关其他人（部门）的完成时间有要求，并及时了解对方的进度，进行必要的提醒，以确保目标能够按时完成。

三、紧盯目标，不在影响目标的烂事上纠缠

我们都知道凹凸镜原理：一张纸如果直接放到太阳底下，不会燃烧。但如果通过凹凸镜将阳光照到纸张上，就可以将纸张点燃。

这就是聚焦作用：将阳光的能量，集中在一点。

对于目标，我们也需要聚焦：紧盯目标，制心一处，不在无关紧要的事情上浪费时间。

（一）警惕"五心不定，输得干干净净"

前不久，我和辽宁工行一位处长分享各自的工作经验。他讲了一个观点，引起我的强烈共鸣：

成功＝心灵能量的聚焦＝一时、一地、一心、一力、一事。

要想在某些方面和领域有所成就，就必须深入下去，将心灵的能量进行聚焦。

我们来看一个案例：

多年前，在香港的一家茶餐厅里有个小伙计，因为工作辛苦，赚得又少，看不到希望的他常常抱怨自己命不好。抱着这样的心态，工作难免三心二意，甚至屡屡出错。

一天，轮到他当班，因为心不在焉，他不小心将开水洒到地上，溅湿了客人的裤子。

他赶紧一边道歉、一边用毛巾给客人擦拭水渍，心里暗暗想：这下糟了，不知道客人会怎么为难自己，说不定老板还会借机炒了自己。

正在他紧张的时候，偏偏老板走过来，问他怎么回事。

他支支吾吾不知道该怎么回答，倒是客人替他解了围：

"没什么，这孩子也是太忙了，才一不小心出了错，我看这孩子挺有出息的，只是以后要记住，做什么事都要小心谨慎，不集中精力怎么行呢？"

一看客人都不计较，老板也就没再说什么。但客人的话却对小伙计产生了很大的影响。

从那以后，他开始把"专心"和"谨慎"当作座右铭。工作的时候他不再漫不经心，而是开始热情、细致地为客人服务。

后来，小伙计离开了茶餐厅，开始自己创业。但他始终把客人的话记在心里。

当年那位小伙计,就是后来的华人首富、著名企业家李嘉诚。

"专心"既是非常好的工作品质,也是很多事情良好的开始。

毛泽东曾有一句名言:"五心不定,输得干干净净。"

这句话的意思是,如果不能将自己的身心全部投入到一件事情上,这也想做,那也想干,左右摇摆,什么都浮于表面,那么不但不会有大的作为,反而使原本主动的变成了被动、优势成了劣势、能够做成的事情最终却没有做成。

(二)不要在影响目标的"烂事"上纠缠

很多时候,我们虽然制定了目标,但要么效率很低,要么过了很长时间都还没有进入状态。这并不是因为目标本身有多难,而是因为我们将大量时间都浪费在和目标无关紧要的杂事上。比如上网、游戏、闲聊等。

对目标负责,就要紧紧盯住目标,决不游离。

不久前,有一篇署名为桌子的"有格局的人绝不会在这些烂事上纠缠"的文章,很值得借鉴。

文中,作者写了这样一件事:

有一年,他和老板在珠海过关去澳门的时候,被一个乞丐扯住了。

乞丐身强力壮,一副不给钱不让走的样子。

当时他年轻气盛，对于乞丐的做法很是愤怒，觉得乞丐那么年轻，完全可以自食其力。于是就跟乞丐杠上了，摆出一副非要跟乞丐争出个是非对错的架势。

老板发现他没有跟上来，于是原路返回找到了他。大致了解了情况之后，老板向乞丐赔了个笑脸，马上掏出10元给了乞丐，然后带着他匆匆离开了。

为此，他一路上闷闷不乐。老板看出他有情绪，于是笑着对他说：

"和他纠缠下去，客户还在澳门等着我们，耽误了时间怎么办？桌子，你以后要记住一句话：想做大事的人从来不会在烂事上面纠缠！"

烂事之所以烂，是因为你越在乎它，它越烂，直到将你拖入无法自拔的泥潭中。即使最后挣扎出来了，但和你付出的时间、精力和财力等相比，却完全都不合算。这就需要我们第一时间做出判断，哪些是影响目标的"烂事"，要么干脆不理它，要么迅速解决它，总之，不要在"烂事"上纠缠。

目标开始实施之前，不妨花一点时间想清楚，哪些是必须集中精力做的事情，哪些是可以同时一起做的事情，哪些是可以不做的。

对于必须集中精力做的，坚决专心地去做。必须同时做的，在时间上进行合理安排。可以不做的，坚决放弃。这样，就会将干扰目标的因素尽可能地减少。

管理好角色：不缺位、不越位、能补位

一、不缺位：当好自己岗位的"负责人"

二、不越位：不要任意逾越"边界"

三、能补位：你是员工，但你更是单位的主人

四、不当"奴才"，不当"刺才"，争当"良才"

任何想要更加优秀的员工,都必须管理好自己的角色。

管理好了,对单位和团队的贡献会越来越大,自己也会越来越顺利。

管理不好,就可能走弯路甚至栽大跟斗,并给单位与团队带来伤害甚至造成巨大的损失。

管理好自己的角色,就是要对自己的岗位和职责有清晰的定位和认知,知道哪些应该做好,哪些不能做,要清楚明白、不打折扣地去执行。

一、不缺位:当好自己岗位的"负责人"

管理好角色,首先要做到的是,对自己本职工作,尽职尽责地去做好。

简单地说,就是要当好自己岗位的"负责人"。

(一)对于岗位要求你做好的,一定要懂得"尽本分"

OPPO 公司是著名的手机生产商,这些年发展得很快。究其发展背后的深层原因,其中之一就是他们的企业文化建设——

明确每个人的职责要求,懂得"尽本分"。

所谓"本分",其实就是岗位的具体要求,非做到不可的地方。所谓"尽本分",就是不要把该自己尽的责任推给别人,也不要让自己的工作打折扣。这里值得重视的不仅是本分，更是这个"尽"字所体现的精神。

于是，我不由想到，所谓当好岗位的"负责人"，其实就是要爱岗敬业，而且，这份"爱"与"敬"，一定要到尽职尽责的程度。

一次，我出差住在希尔顿酒店。

酒店里一个年轻的服务员给我留下了深刻的印象。

不管什么时候见到她，这位服务员脸上都挂着微笑，对客人的服务既热情又周到。

一天我到酒店附近的商店买东西，刚好碰到那位已经下班的服务员。我发现，她脸上的表情和上班时不一样，满是悲伤，而且左臂上还系了一块黑纱。不用说，肯定是有亲人去世。

但一见到我，她马上又露出了微笑，跟我打招呼。通过交谈，我得知她的父亲刚刚去世不久。

我忍不住问她：

"怎么上班的时候一点也看不出来呢？"

她继续微笑着说：

"希尔顿酒店有一条规定：万万不可把我们心里的愁云摆在脸上！希尔顿服务员脸上的微笑永远是顾客的阳光。"

当时我特别感慨：也许正是通过员工脸上的那个微笑，让希尔顿饭店赢得了世界各地客人的心。

通过这个微笑,我更多地理解了什么是真正的敬业精神!

这个员工的做法,也让我进一步认识到:一个优秀的员工,该如何来体现当岗位的"负责人"——

一定不要让个人的情绪,影响到你应有的岗位行为。

不管发生任何事情,单位的要求、工作的标准,一点也不能打折扣!

要明白在工作岗位上,不管发生事情,摆在第一位的,还是要尽职尽责。而且要明白,你的形象就代表着单位的形象。

一个能以一流标准要求自己所有言行的员工,一定会成为单位的"金字招牌"。

(二)将岗位要求理清楚、写下来

那么,有没有什么好的方法,能帮助你明确自己的岗位要求,当好岗位的"负责人"呢?

当然有。为了明确这个岗位对自己有哪些要求,我们可以先理清楚,然后逐条细化并写下来。

第一,如果单位对岗位有具体的要求,要一条不落地记清楚。

第二,如果单位对岗位没有明确的要求,可根据岗位的性质分析,以"最高标准",去列出要求。

第三,认真倾听领导的讲话,并吸收有关人士对该岗位的意见,从中提炼出最重要的要求。

如秘书工作，许多人都觉得很普通。但如果做好了，其发展空间也很大。那么，该如何去做好呢？

且看华为创始人任正非"在秘书座谈会上的讲话"，其中提出了当好优秀秘书的"岗位要求"：

首先，秘书一定要有基本功，对打字、复印、操作计算机以及其他一系列的工作，都要非常熟悉、熟练。

其二，秘书是经理的助手，是管理者的助手。要学会善解人意。

其三，秘书可以通过培养自己，走向经理岗位。因为秘书所了解的知识面广，有相当好的适应能力，具备了走向经理岗位的潜质，但是必须善于观察和学习，并勇于到市场前线去锻炼自己。

如果你是华为公司的秘书，你当然不得不格外重视任正非的这次讲话。即使你不是华为公司的秘书，是不是也可借鉴他这次讲话的精神，学到对秘书岗位的全面要求呢？

二、不越位：不要任意逾越"边界"

不越位，就是要懂得分寸，懂得"边界"在哪里，不要任意逾越。

总结起来最重要的是：不说不符合场合的话，不做不切合身份的事。

（一）权力不越位

权力不越位，就是只做自己权力范围内的事情。举个简单的例子，企业的整体战略规划应该由最高层决定，那么作为中层或者基层，可以在适当的时候提出建设性意见，但不能越俎代庖，否则就是越位。

在联想集团发展初期，柳传志非常重视年轻干部孙宏斌，并让他负责联想最重要的部门——企业部的工作。孙宏斌很能干，但他最大的问题是，摆不正自己的位置，甚至想将企业部凌驾于公司之上。比如企业部创办了一份《联想企业报》，报纸的头版刊登的"企业部纲领"，其中第一条竟然是"企业部的利益高于一切"，企业部经理居然拥有"分公司经理任命权"，等等。

在凌志军所著的《联想风云》里，记录了这样一件事：

一天下午，柳传志集合企业部人员宣布新决定。"柳走进房间的时候，这群人全都把胳膊抱在胸前，以一种姿势朝着他，接着孙宏斌进来，所有人当即把手垂下。室内烟雾缭绕，柳不免皱眉。孙喝一声'把烟掐了'，大家一同灭烟。孙又喝一声'起立'，大家一同起立。柳带来的秘书应旗下意识地坐在柳的身边，孙再一声喝：'这不是你的位子。'柳认定孙在率领整个企业部向他示威。他对应旗说：'你就坐在这儿。'然后宣布企业部全体人员'必须服从我的一切决定'，又警告所有人'不许拉帮结派，不许恫吓任何人，若有违背，无论是谁都将受到严厉处分，直至开除'。"

第六章 管理好角色：不缺位、不越位、能补位

但孙宏斌并没有因此收敛，甚至做出的一些行为已经涉及违法。最终柳传志不得不向公安局和检察院报了案。后来，孙宏斌被以"挪用公款"的罪名逮捕。

虽然出狱之后，孙宏斌痛定思痛，与柳传志重修旧好，并得到了柳传志的支持，后来他在商业上也取得了很大的成就，但是，当初栽的那个跟斗，不能不说是人生的一大教训。

这个故事告诉我们，哪怕个人能力再强，曾经做出的业绩和贡献再突出，也不能凌驾于组织之上。"权力越位"的结果，只能是既损害了组织，又伤害了自己。

尽管孙宏斌的例子比较极端，但不可否认，职场中类似"不服管"的人并不少见。他们要么能力很强，要么资格够老，要么所处的位置比较重要，因此总想有一些特权，来显示自己的"与众不同"。但个人再重要，也重要不过整个团队和组织。如果不明白这一点，碰壁和掉入陷阱就在所难免。

（二）表态不越位

表态不越位，强调的是说话要分场合，该说什么，不该说什么，说到什么程度，都要符合自己的身份。

比如在谈判的时候，对方提出的条件，领导还没表态，你就先同意了，这就是越位。不仅领导会有想法，合作方也会在心里打鼓：连上下级都不分的企业，合作能靠得住吗？

即使领导不在，如果对方提出的条件自己没有权限应承，也不能轻易表态。正确的做法是，可以跟对方这样说："您提出的条件，我以前没有遇到过。我需要先跟领导做一下汇报和请示，再给您答复。"

（三）程序不越位

程序不越位，体现为工作中的每个环节都严格按照流程走。

比如流程中先向谁汇报，后向谁汇报，先征得谁的同意，后征得谁的同意，都要有顺序。

再比如工作的流程，一项工作，从前期准备到具体实施，再到最终完成，需要经过哪些步骤。每一个步骤，都要严格按照规定执行。

三、能补位：你是员工，但你更是单位的主人

"补位"是指如果有需要，即使不是自己工作范围内的事，也能以主人翁的精神，主动去承担，并且做得很好。

（一）画地自限的人，也将是优先被淘汰的人

台湾最大出版集团城邦的 CEO 何飞鹏在他的畅销书《自慢》中，写了这样一件事：

第六章　管理好角色：不缺位、不越位、能补位

一位从国外留学回来的主管，拒绝了他交付的一项临时性工作，理由是这件事与她的职位和工作无关。

对此，何飞鹏这样写道：

"我不能勉强她，也不能说她错，因为确实和她的分内工作无关，但从此我对她的印象大打折扣。理由很简单，她在公司内不是'好用'的人。虽然她在本分的工作内称职负责，可是当公司有变动、有急用时，她僵硬的态度，画地自限地自外公司的需要，自然无法与公司同舟共济。"

何飞鹏还进一步强调，像这种不顾组织和团队需要的人，也会是在企业不断组织重整中，会被优先淘汰的人。

的确，那位海归主管拒绝额外的工作似乎没有错，但老总对她的印象大打折扣，甚至做出"不好用"——"不能重用"——"不能用"的判断也没有错。一个对任何额外付出都要权衡利弊、斤斤计较的员工，不仅自己发挥的作用有限，而且在关键的时候，往往还会给整个团队带来负面影响。这样的员工，最后难免会被划入"优先淘汰"的行列。

（二）将"这事不归我管"和"我不知道"列为工作禁语

语言往往最能反映出一个人的工作心态，要想管好角色，有些话就要列为工作禁语，比如"这事不归我管""我不知道"，等等。

格力集团的董事长董明珠就非常不喜欢员工说"这事不归

我管"。

一次，鲁豫跟董明珠到格力的工厂采访。董明珠一进去，不用看温度计就知道车间的温度不对，于是把车间负责人叫过来问情况。谁知车间负责人申辩说："这事不归我管。"

董明珠一听，也不管摄像机正在拍摄，立刻毫不留情地说："不归你管，那要你干嘛！"

如果每个人都抱着"不归我管"的态度，再好的企业，也没有办法发展。作为车间负责人，掌握每个流程上不同人的分工，随时发现和解决问题是职责所在，"不归我管"既不是理由，也不是借口。哪怕换成"我马上去找相关的人，将车间调到合适的温度"也要好得多，起码体现了主动解决问题的态度。

（三）三种最需要"补位"的情况

前面我们谈到"不越位"，现在又谈到"要补位"。有些员工可能会有疑惑了，这不是很矛盾吗？

其实，不要有顾虑。掌握了该补位的情况，你就容易处理这个矛盾了。

那么，在哪些情况下，最应该补位？总结起来，主要有三种：

1. 出现客观情况，但相关责任人不在的时候。

这种"补位"，往往不是别人缺位或者不负责任造成的，而是出现了客观情况。我们来看看中国移动通信集团河南有限公司开封分公司客服中心主任、优秀共产党员李辉是怎么"补位"的。

一次,李辉值完班正准备休息,突然听到有人喊厕所的便池堵了,脏水流了一地。本来,这种事应该由维修工负责。但这天正好是大年初一,找维修工不方便,加上还有几位员工闹肚子,着急用厕所。于是李辉连衣服都没换就跳进了臭水中,经过一番努力,最终将厕所疏通了。

类似需要"补位"的情况,我们在工作中也经常会遇到。比如同事出去的时候,电话恰好响了,这时我们主动接听并做一下记录,就是补位。再比如有人来访,但负责接待的人正好不在,我们帮忙接待一下,了解一下情况,留下来访者的姓名和电话,也是补位。

2. 需要有人去做,但一时没人顶得上去的时候。

比如,要进入一个新领域、要开发一个新市场、要做一个新产品或者解决一个难题时,需要有人去做,但因为难度大,以前没有人做过,所以大家都不敢接手,这时候,如果能够主动顶上去,就是补位。

3. 还没明确职责分工,但需要人做的时候。

比如,刚接到一个新项目,由谁负责什么还没有明确分工,但前期有很多工作要做,那就不要计较那么多,跟合作方沟通、准备材料、到现场实地考察……能做的,尽量多做。

再比如,一个部门刚组建,在人员配备还不到位的情况下,多承担一些额外的工作,也是补位。

四、不当"奴才",不当"刺才",争当"良才"

职场中通常有三类人,一类没什么本事,总想靠吹牛拍马来获得器重,常常被人称为"奴才";第二类人有能力,但浑身是"刺",太强调自己的个性,有用但不好用,也就是"刺才";最好的是第三类人,不仅有用、能用,而且非常好用,也就是"良才"。

在职场中,要想有好的发展,既不能当"奴才",也不要当"刺才",而要用"良才"的标准来要求自己。

(一)要恃才助上,不要恃才傲上

在职场中,我们经常会看到这样一类人:有才能,但却没有得到与自己能力相匹配的发展,甚至到哪里都感觉阻力重重。

总结原因,其中很重要的一点,是有才能的人往往容易恃才而骄,觉得自己处处比别人高明,不要说同事,甚至连上级都看不上。

遵义会议后,毛泽东领导红军四渡赤水,将国民党的追兵远远甩在身后。这时,意想不到的事情发生了。

林彪写信给中央领导,说毛泽东的决策有问题,净带领红军走"弓背"路,而不走"弓弦"路,要求撤换毛泽东和朱德的军

第六章 管理好角色：不缺位、不越位、能补位

事指挥权。

面对责难，毛泽东向中央解释了自己的战略：

"在这个时候直接跟敌人硬顶不行，绕点圈子多走点路，这是必要的，完全正确的。"

经过分析，中央决定让毛泽东继续带领红军作战。果然，凭借着毛泽东出神入化的战略战术，红军最终摆脱了国民党的重兵围追。

作为一个优秀的下级，即使再有才能，也应懂得恃才助上，而不是恃才傲上。很多时候，因为所处的高度、思考的角度不同，上级所做决策的意图，我们并不一定能够真正领会和理解。

所以，首先不要妄加猜测和评论，更不要轻易下"上级无能"的结论；其次，就算觉得上级的决策真的有问题，作为下级，正确的做法应该是：一方面通过适当的途径和方式提出自己的看法，另一方面，第一时间体现自己执行的态度："如果已经决定了，那么我会坚决执行！"

能够恃才助上，是衡量良才的一个重要标准。很多时候，我们所认为的上级的"傻"并不是真的"傻"。退一步来看，即使上级真有不足的地方，那恰恰是我们的机会。

毕竟，上级并不是神，也有自己的弱点和短板。上级之所以需要你，正是希望用你的长处去弥补他的短处，如果你没有一样才能超过他，你的价值又怎么体现！

（二）有用，更要好用

有用很简单，有能力、能做事。但有用的人，不一定好用。不好用的主要表现为：凡事先讲条件；张口就谈不同意见；老强调自己的个性需要，而不看整体的共性需要；虽然做，但总是边做边抱怨……

像这样不好用的人，不管是上级也好，同事也罢，将一件事交给他之前，先得再三思考和掂量，甚至鼓起勇气才行。并不是因为事情本身有多难，而是他那种左也不是右也挑剔的态度让人为难。久而久之，除非不得已，否则没人愿意将事情交给他去做，最后逐渐被边缘化也就是必然。

而好用的人则恰恰相反，不仅沟通起来很顺畅、没有障碍，用起来也很顺手：事情一旦交代下去，过程基本不用操心，做出来的就是你希望的结果。

（三）以建设性的方式，提出不同意见

"良才"还有一个特点，就是善于沟通，尤其是在有不同意见的时候。在工作中，出现分歧和不同看法很正常，有了问题，既不能不沟通，也不能张口就来，而是要用建设性的方式去沟通。

所谓建设性，就是在尊重客观问题的基础上，提出适宜、有效、有操作性、双赢甚至多赢的解决方案。

第六章 管理好角色：不缺位、不越位、能补位

何飞鹏在《自慢》一书中，写了这样一段难忘的经历：

28岁那年，他面临人生一个重要的选择。当时他在《工商时报》广告部工作，但因为兴趣原因，他想请调回编辑部当记者。

当时他已经在广告部工作了一年半时间，而他的顶头上司——广告部总经理对他非常赏识，不仅对他重点栽培，还尽可能给他提供充分发挥的舞台。而他也全力以赴，在广告部的业绩有目共睹。

正因为总经理对自己很器重，因此对于决定离开这件事，他总觉难以说出口。在煎熬了很长一段时间以后，他才终于鼓起勇气向总经理说出了自己的想法。

但他同时也向总经理表示，自己这个想法还没有跟编辑部谈。因为他想先征求总经理的意见，如果总经理同意了，他再去跟编辑部沟通，如果总经理觉得很为难，那他就继续留在广告部工作。

没想到总经理很爽快就答应了，因为总经理觉得他天生就是当记者的材料，迟早会离开广告部。更让他没有想到的是，得知他还没有跟编辑部说，总经理这样跟他说道：

"既然这样，你何必回那个新创刊的小报纸（《工商时报》那时创刊不久）呢？我介绍你去发行量100万的《中国时报》！"

于是，在总经理的极力推荐下，他没有经过任何考试，就进入当时号称台湾第一大报，也是他梦寐以求的《中国时报》工作。

而这也成为他人生最重要的一次转折点。

以建设性的方式，有两点特别关键：首先是合情，沟通要建

立在情感之上，能够给予对方足够的尊重，就像何飞鹏一样，尽管有回编辑部的想法，但他并没有先跟编辑部沟通，而是先征求总经理的意见。其次是合理，毕竟自己在广告部当时的业绩很突出，突然离开有可能会给广告部带来一定的压力，因此他尽管表达了想离开的意愿，但同时也表示，如果总经理觉得为难，那他就继续留下来工作。

正因为有"合情合理"作为基础，总经理不仅欣然同意何飞鹏离开，而且还给予了他意想不到的支持。

这样的模式，才是最好的沟通方式！

第七章

管理好执行：不仅要做事，更要做成事

一、平庸者满足于"做了"，优秀者总是保证"做好"

二、学会"结果思维"，工作才会"一抓到底"

三、不放过任何一个细节，不放过任何一个环节

"三流点子加一流执行,远比一流点子加三流执行重要。"

这是著名企业家、阿里巴巴集团董事局主席马云的名言,由此可见执行力的重要。

不管是哪个单位,都需要能将想法有效执行的员工。员工的执行力在很大程度上决定了单位的生存发展,因此所有的单位领导者都需要拥有高效执行力的员工。

无论在哪个单位,最受欢迎的员工一定是执行力最强的员工。

因此,要想在职场中迅速脱颖而出,成为最受欢迎同时也最有发展的人,管理好执行,就显得特别重要。

执行力的核心,是不仅要做事,而且还要想办法、有办法将事情做成、做好。

一、平庸者满足于"做了",优秀者总是保证"做好"

在工作中,我们会经常看到这一类人:领导安排工作任务给他,之后问他完成得如何,他往往回答:"做了。"

是的,他的确做了。但是,当领导了解到他到底做得如何时,却往往只好摇头:"怎么做得这样差劲?"

工作没有高的标准,完成任务只满足于"做了",是许多员工的通病。有这种毛病的人,往往只能成为平庸的员工。而优秀的员工则有另一种理念:

第七章 管理好执行：不仅要做事，更要做成事

"做好了，才叫'做了'！"

曾有一则十分火爆的视频，深刻反映出"做了"和"做好"的区别：

某单位要从员工中提拔一名主管。一位在公司已工作多年的员工小刘，认为怎么也轮到提拔自己了。

但没有料到的是，领导提拔的是一个比自己晚到公司、年龄比自己小，而且所毕业学校也不如自己好的员工小张。

她愤愤不平，去找领导理论，说这样不公平。

领导点点头。说：

"我听懂你的意见了。不过，这回我要麻烦你先帮我办一件事。Ａ公司准备来我们公司考察。请你打个电话问问他们什么时候过来，可以吗？"

一听领导这样说，她当即答应了。

小刘拿了领导给的电话去落实。一会就回来向领导汇报：

小刘：联系那家客户了，他们说下周过来。

领导：具体什么时候来？

小刘：下周二吧。

领导：总共几个人？

小刘：这个我不清楚。

领导：他们是坐飞机还是火车过来？

小刘：这个您没交代，我没有问。

……

领导点点头。没有说什么,只让她坐在边上稍等一会。

之后,领导打电话让那位被新提拔的小张进来,照样安排了这一任务。

一会,小张回来了,向领导汇报自己落实的情况:

"我已经联系了,他们下周二过来,早上 8:30 的飞机,大约 11 点到,我已经告诉带队的陈总,到时我们公司会安排人去接机。

他们总共过来三人,各自的职位和名字我都记下来了,对于他们重点希望了解我们公司哪些情况,我也做了简要的了解和记录,一会都发给您,供您参考。

"另外,他们会停留两天,公司附近有三家酒店比较适合安排他们入住,我已经列出来了,您看哪家更好,我明天就提前预订……"

听完小张的汇报,领导对坐在一旁的小刘说了一句:

"你现在应该知道:为什么没有提拔你而是提拔小张了吧?"

面对这样的对比,小刘也不得不心服口服了。

在这个案例中,前者是浮于表面的"做了",后者则是用心将事情"做好"的典型。

同样是做执行,谁在职场中更受欢迎、谁的发展会更快,结果不言而喻。

当你只是满足于"做了"的层面,你的执行就是走过场,效果必然大打折扣,难以得到好的回报,则是确定无疑的了。

与此相反,假如你凡事都强调"做好",你的执行往往是高标准、严要求，工作效果当然更理想，获得更多的回报与机会，也是理所当然的了。

"做了"是一种敷衍的心态，往往是推一步走一步，能少做就少做，能不做就不做，既不看效果，也不想结果。

而"做好"，则会主动用心去思考：为什么要做，重要性在哪里，需要考虑哪些相关因素，还有没有更好的方法？

毫无疑问，职场中越优秀的人，越是能把每件事情都"做好"的人。

要想把事情"做好"，就要特别重视三点：

（一）永远抱着"问题没解决、结果不圆满，执行就不算完成"的心态

只要抱着这种心态，就没有做不好、完不成的事情。

我们来看看"全国优秀人民警察"、青海省西宁市公安局城东分局大众街派出所的民警常金岭是怎么做的。

一次，居住在共和南路的马家兄弟俩因建房用地问题大打出手，闹得不可开交。为了解决兄弟俩的矛盾，常金岭特意前去调解，但两人谁都听不进去。怎么办？不管肯定不行，弄不好矛盾一激化，可能就会出大问题。想来想去，最管用的办法就是笨办法：守着兄弟俩打地基，不让彼此超越标线。当时正是冬天，天气非常寒冷。常金岭整整守了三天，一边监督施工，一边和兄弟俩聊天、好言相劝。最终，兄弟俩都被感动了，表示不再继续闹

下去。就这样，问题最终得以解决。

如果只是抱着"做了"的心态，那么就会想：我已经做了调解，他们听不进去我也没办法。但如果有非把事情"做成"不可的决心，就会用心琢磨，这种方式不行，那就换一种方式试试。总之，问题不解决，没有达到想要的结果，就绝不放弃。

（二）拒绝"差不多心态"

"差不多"可以说是执行最大的敌人。一旦有了"差不多"的心态，执行必然会大打折扣。如果想要将事情做好、做成，就得敢于跟"差不多"告别。

说起功夫影帝李连杰，恐怕没有人不知道。而他能取得这样的成就，跟他当年能够自我挑战、不向"差不多"妥协分不开。

李连杰从小就进入武术队训练。一次，他在教练的指导下练习旋风腿。由于伤愈不久，加上人小腿短，动作怎么做也不到位。他有点想放弃，于是小声嘀咕着给自己找借口："差不多就可以了。"

没想到这句话被教练听到了，教练很生气，严厉地对他说："差半点都不行！"说完就让李连杰加练 500 次，而平时加练最多不过 300 次。

面对毫不留情的教练，李连杰只能一次次练习，甚至练到晕眩摔倒，教练也没有让他停下休息，直到练完规定的次数为止。

虽然练得异常辛苦，但这也激发了李连杰的斗志。从那以后，"差半点都不行"就成了他做事的准则和动力。训练的时候，他主动给自己加码，别人跑 10 圈，他给自己规定跑 15 圈，别人压腿 300 次，他给自己规定压 500 次，不完成目标决不休息。甚至到了后来，教练因为担心他运动超出负荷而不得不开始限制他的运动量。

由于认真对待每一次训练，李连杰在体校的成绩非常优秀，从 11 岁那年获得全国武术比赛少年组的冠军开始，就不断在各种武术比赛中获奖，曾连续五次获得全国武术比赛的冠军。这一切，也为他后来在荧幕上成为功夫巨星奠定了坚实的基础。

如果没有当年"差半点都不行"的决心，恐怕也没有李连杰后来这样的成就。

在执行中，从"差不多"到"差半点都不行"的转换，其实就是完成自我挑战的过程。

每当有"差不多"的想法出现时，都不妨问问自己：是真的"差不多"了还是"其实差很多"？是"真的没有办法了"还是"不想付出和努力"？当我们不向内心那个"不想承担责任、想偷懒和舒适的自我"妥协的时候，"差不多"就不会再成为执行到位的绊脚石。

（三）如果一件事值得你去做，就值得你去做到最好

在工作中我们常常会发现，同样的事情，交给不同的人去做，结果往往完全不同，就像本章开头提到的小刘和小张的案例一样。为什么有些人总能将事情做到好出大家的意料？因为优秀的执

行者都有一个共同的特点：凡是要做、该做的事情，都值得做到最好。

著名影星成龙曾经在中国首档青年电视公开课——中央电视台的《开讲啦》做过一期名为"没人能替你奋斗"的演讲。

在演讲中，成龙谈到了他成名前的经历。当时他是个小武行，十五六岁，没读过书，是几十个武行当中很不起眼也没什么竞争力的一个。每天的工作就是拿着五港元报酬，扮演类似拿着刀跟在一帮人后面边跑边"啊啊"叫的龙套角色。但即使是小得不能再小的龙套，成龙也演得特别认真。

有一次，为了配合两位大侠在雨中打斗的戏，他们这些龙套需要扮"死人"泡在水里一动不动。当时天很冷，又下着雨，别的龙套都受不了，忍不住动来动去，惹得导演很不高兴。所有龙套中，唯有成龙"死"得最好。好到以至于后来导演一拍需要龙套"死"的镜头，立刻就会叫"谁谁谁谁（刚开始导演还不知道他的名字），死这边"，次数一多，导演也就记住他的名字了。

那时的成龙，并不满足于只是跑跑龙套。他觉得武术指导特别威风，希望自己也能当上武术指导。为了让武术指导注意到自己，他每天都在武术指导开车经过的地方站着。功夫不负有心人，终于有一天，武术指导注意到他，问清他是自己组的演员后，就让他上了车。上车后，成龙做第一件事就是拍拍鞋上的灰尘，然后保持刚上车的姿势一动不动直到下车。这些虽然是小细节，却给武术指导留下了很好的印象。从那之后，武术指导每天都会接

第七章 管理好执行：不仅要做事，更要做成事

上他。随着两人的关系越来越近，机会也慢慢来了。成龙先是当上了副武术指导，很快，只有 18 岁的他，又成了最年轻的武术指导。

当很多龙套做了很久仍然还是一个小龙套的时候，成龙却只用了很短的时间，就让自己在演艺圈崭露头角，并且发展得越来越好，成为影视界的常青树。

为什么同样的起点，发展成就却完全不同？其实道理很简单：

每一个全力以赴将每件事情做到最好的人，别人都会看到他的努力，并愿意给他机会。

是的，"做了"不等于"做成"，"做成"不等于"做好"。只有时刻把"做好"作为标准去抓执行，才能成为一个优秀的人。

二、学会"结果思维"，工作才会"一抓到底"

提升执行力的最好途径，就是学会"结果思维"：
凡事都以结果为导向，所有工作都紧紧围绕结果而展开。
然而，在实际工作中，因为缺乏"结果思维"导致该做的事情"半途而废"，却是很多员工的通病。

（一）"行百里者半九十"

西汉刘向在《战国策·秦策五》中有这么一句话：

"诗云：'行百里者半于九十。'此言末路之难也。"原文的意思是：一百里的路程，走到九十里也只能算是才开始一半而已。比喻做事愈接近成功愈困难，越要坚持到最后。

在研究执行时，也会发现同样的规律：

最后的结果没出来，前面的工作就可能都是白做。

很多人至今还记得2009年2月9日21点发生在中央电视台新大楼配楼的那场火灾：

当时正值元宵佳节，大火燃烧了近六个小时才熄灭。大火造成一名消防员牺牲、六名消防员和一名建筑工人受伤，财产损失高达数亿元。

据调查，这场火灾的直接原因是违规燃放烟花。

燃放的烟花其实是数百枚礼花弹，属于Ａ类烟花。按规定，这类烟花的燃放必须经过北京市政府的批准才行，但大楼未经批准就雇用了湖南某烟花公司擅自燃放，最终导致火灾发生。

据报道，在燃放礼花弹的时候，有治安民警进行了劝阻，但大楼的工作人员并没有听从，而是坚持燃放。而据附近居民说，这已经不是中央电视台第一次放烟花，前两年也放过。或许正因为之前都没事，所以工作人员也就没有将防火放在心上。

在这场事故中，违法违规的人当然要承担法律责任，不过我们想谈的却是那位治安民警。

首先值得肯定的是，他有责任心，知道燃放这些礼花弹是违规的，所以进行了劝阻。

第七章　管理好执行：不仅要做事，更要做成事

但遗憾的是，他并没有对这件事情一抓到底。原因有可能是觉得自己提醒过了，已经算尽了责任，或者是心存侥幸，觉得前两年也都放了，今年大概也不会出什么问题。

我们不能把大楼失火的责任推给这位治安民警，但设想一下，如果他真的能抱着"既然是违规的事情，就一定要制止"的心态，也许就可以避免这场灾难的发生。

不仅如此，如果事故发生前，每个人都能提前想到有可能出现的结果，对于该做的事情一点都不马虎和松懈，而是严格按照规定执行，比如经政府批准后再燃放烟花，在指定地点燃放，准备好消防措施……那么灾难可能就不会发生。

（二）对结果负责，才能"一抓到底"

"结果思维"，简单说就是对结果负责的思维。

所谓"结果思维"并不是一句空洞的口号，而是要落实为"对结果负责"的行动。

因为，只有"对结果负责"，才会"一抓到底"。

既然"结果思维"对于执行如此重要，那么在工作中，我们应该怎么学会"结果思维"？

关键在于每次行动之前，都先明确几点：

第一，做这件事情，要达到什么目的和效果。

第二，为了达到这些目的和效果，需要采取哪些步骤，先做什么，再做什么。

第三，在执行过程中，可能会遇到哪些问题，解决和应对的方案是什么。

第四，完成的时间是何时。

第五，目标一旦确定，不管遇到什么阻力和困难，都非在预定的时间内完成不可。

三、不放过任何一个细节，不放过任何一个环节

我们曾在《执行重在到位》一书中，提出过这样一个观点：警惕 100−1=0。

100−1=99，这是人人都会的简单算术题。

但在执行中，"100−1"却往往并不等于"99"：一旦某一点没有考虑周到或者出了差错，就可能出现"100−1=0"全盘皆输的局面。

那么，怎么才能避免这种情况呢？那就是：

不放过任何一个细节，不放过任何一个环节。

（一）不放过任何一个细节

在这方面，最值得学习的是"航天精神"。

"天宫二号"总设计师朱枞鹏曾经在一次演讲中说道：从事航天事业的人，做事情一定要严慎细实，不能带着隐患，每个人对

自己的工作都必须承诺"零缺陷"。

一次,他们在做补加压气机抽气试验的时候,发现出口的压力怎么也上不去,达不到要求。于是他们把压气机拆下来检查,发现内部一个排气阀芯上有一个 0.1 毫米的小颗粒,正是这个必须用放大镜才能看到的多余物,造成了单向阀的密封效果下降。当时他们想,虽然将这个小颗粒清除后,压力机正常了,但并不代表管路里就没有其他的多余物。为了确保万无一失,他们就想办法将管路一段段拆下来检查,直到全部检查完毕,没有发现新的多余物才放心。当时正是春节,很多员工因此都没有好好过节。

事后,他们查找了多余物出现的原因,发现是地面操作过程不细致所致。好在隐患被及时发现和排除,否则带到"天宫二号"上面去,就有可能造成很大的影响。

就因为某一个环节、某一个人工作时的稍微不小心,一个看起来似乎微不足道的"多余物",就有可能造成意想不到的后果。

为了最大限度地杜绝类似事情的发生,确保各个细节和环节的"零缺陷",他们提出了做事的"十五字方针":

做事有依据,做事按依据,做事留记录。

"做事有依据",是指在工作中做任何事情,都要经过正式批准,不是随便问一下谁怎么做就行。

"做事按依据",是指事情一旦经正式讨论决定后怎么做,就得严格按照这个依据来执行,不能随意更改,更不能靠自己的想象,想怎么干就怎么干。

"做事留记录",是指每个人做的事情,都有明确的记录可查。这样一来,一旦出现问题,就能知道问题出在哪里,错在哪个环节上,是谁的责任。

其实,这三点不仅是严谨的航天人的行为准则,也应该成为每一个优秀执行者的做事准则。

因为,再宏伟的目标,再完美的设想,都必须靠一个个执行的细节和环节来完成。

正所谓"上帝在细节中,魔鬼也在细节中"。不起眼的细节,往往决定成败!抓执行怎么能忽略细节呢?

(二)不放过任何一个环节

也就是说,对执行过程中的每一个步骤,都要细抓落实,拒绝任何"掉链子"现象或其他事故的发生。

在我们所著《做最好的执行者》一书中,记录了这样一则故事:

2008年,举世瞩目的奥运会在北京召开。很多人至今还记得那场气势恢宏的开幕式,甚至有人评价那是奥运会历史上最成功的开幕式之一。

开幕式上,有一个很引人注目的细节:篮球巨星姚明牵着地震小英雄林浩一起出现在大家面前。

当时9岁的林浩,因为在2008年5·12汶川特大地震中救

第七章 管理好执行：不仅要做事，更要做成事

出 10 名同班同学，成为名副其实的小英雄。

当姚明抱起小英雄林浩的那一瞬间，很多观众都感动得热泪盈眶。

但观众却没有想到，因为一个环节没有到位，这位地震小英雄差点进不了场！

当时，奥运会开幕式组委会觉得应该在这个重大节日将中国这一年的重大事件展现给世界人们，其中一个环节是让"地震小英雄"林浩和旗手姚明一起牵手出场，以此来展现中国人民抗震救灾的精神。

当时的设计是，让林浩和姚明一起走过主席台，同时广播"小英雄"的事迹。这个想法得到了一级级部门审批通过，但却疏忽了一个环节：没有通报到中国队领队那一级。

而当时，姚明也不知道有林浩和自己一起走过主席台的安排。

当姚明挥动着鲜艳的五星红旗快要走到主席台的时候，林浩还没有出现，因为当时他正被领队挡在外面。

当时工作人员来不及向领队解释，赶紧一把把林浩抢了过来，抱到姚明跟前。

这时，广播中已经开始介绍地震小英雄的事迹。

没有听清广播的姚明，突然看到自己面前出现一个孩子，开始不明白是怎么回事，但他马上反应过来了，立刻牵着林浩的手走向主席台……

这个细节，是北京奥运会开幕式组委会有关人士在总结经验

教训时向新闻界披露的。在谈到这点失误时，他们很客观地说明了强化执行、执行到位的重要性。

应该说，这次奥运会开幕式，总体执行力是非常出色的，而姚明和林浩牵手出场的设计最终也很圆满。但反过来想一想，如果不是工作人员当机立断，如果不是姚明反应特别快，可能就会出现两种情况：

一是这边已经开始广播小英雄的事迹，那边却连小英雄的身影都没有看见；二是虽然小英雄进来了，但姚明根本不知道是怎么回事，甚至把小英雄晾到一边。

不管出现哪种情况，都会给奥运会开幕式留下一个不小的遗憾。

如何"不放过任何一个环节"？且看优米网创始人王利芬，在担任中央电视台著名栏目《对话》总制片人兼主持人时的做法。

据总结，《对话》栏目有81个环节，每一个环节都要求不能出错。以如何安排现场观众入场为例，就有四个环节：

第一环：为了保证现场的气氛，在节目录制前，导演助理会跟每一个观众通电话，询问他们对节目的观点。

第二环：安排观众在规定的时间和地点集合，并由专门的工作人员负责引领大家有序入场。

第三环：进入演播大厅后，除了有工作人员负责提醒观众脱外衣、留下包和手机外，还有一名工作人员负责收取门票，提醒观众上厕所。

第四环：领位的工作人员会根据不同的情况，安排好每一位观众的座位。

仅仅是一个观众入场，都安排得如此周全细致，其他环节也就可想而知。

王利芬的做法，概括起来，就是八个字：

"环环相扣，无缝对接"。

为了在每一个细节、每一个环节中都执行到位，我们可以重视如下要点，来抓好落实：

第一，执行的整个过程，都涉及哪些细节和环节。

第二，每个细节和环节由谁来具体负责和执行，执行的标准是什么。

第三，细节和细节、环节与环节之间，由谁和谁对接，该怎么对接，内容包括什么，什么时间完成。

第四，重要的事项，形成文字，双方都按文字上的要求和约定去做。

如果能够按照"不放过每一个细节，不放过每一个环节"的标准去管理执行，问题与隐患就会越来越少，结果就会越来越理想。

管理好效率：不重苦劳重功劳

一、别再用"勤奋"掩盖无效努力

二、从用手办事到用脑办事

三、与"拖延症"果断告别

四、做一个优秀的"时间管理者"

联想集团的核心文化理念中有一条是：

"不重过程重结果，不重苦劳重功劳。"

前一句强调的是要重视结果，后一句话则是对以往一些人总是强调"没有功劳也有苦劳"的当头棒喝。如果没有效率，所谓的"努力"不过是无用功。

一、别再用"勤奋"掩盖无效努力

"现代管理学之父"德鲁克最有影响的著作之一，就是《卓有成效的管理者》，他特别强调管理者首先必须对"有效性"负责。

其实不仅是管理者，每一个员工也都需要为自己的"有效性"负责。

（一）别用勤奋的假象掩饰了真正的懒惰

这样的现象在职场中并不少见，有些人表面上看起来很勤奋，但年复一年却并没有什么长进，甚至做起事来还比不上那些不如自己"勤奋"的人。

网上曾有一篇作者为阿何的"别再用勤奋掩饰你的懒惰"的文章。文中，作者谈到这样一件事：

创业第二年，他开掉了公司一名"努力"的员工。大家对此都很不理解，难道老板不喜欢勤奋的员工吗？

其实原因很简单，在他看来，这名员工已经得了严重的"勤

第八章　管理好效率：不重苦劳重功劳

奋病"，在多次沟通没有结果后，只能请这名员工离开。

的确，这名员工看上去很勤奋：每天7点多一点就到公司了，别人通常6点下班，而他往往要到八九点钟才离开。

这引起了他的注意，因为这名员工所在岗位的工作量并不是很大，按道理并不需要每天花这么长的时间。

经过一番观察，他发现了问题所在。首先这名员工因为每天起得太早，所以上午的工作效率极低，差不多10点多钟就开始犯困，这种状态要到午休后才会好转。这就导致大部分的工作都要在下午完成，时间仓促，质量自然一般，甚至不得不弄到很晚，别人走了，他还在加班。

即使按时完成了工作，这名员工下班后留在办公室的时间，也并不是用来学习和提升自己的工作技能，而是提前去做第二天的工作，甚至干打扫办公室这类应该由保洁阿姨去做的杂活。

虽然他跟这名员工沟通多次，提醒他不用这么早来上班，也不用提前去做第二天的工作，有时间就多学点专业知识。

但这名员工却听不进去，还是我行我素。结果是，他虽然每天工作时间最长，但专业水准在同期员工中却是提升最慢的。

这样一来，后面的加薪、升职如果不照顾到这名员工，他心理肯定会失衡，也会影响公司的氛围。没办法，最后只能请他离开。

对于这名员工，作者的评价是：

沉迷于无效的勤奋，而忽略勤奋的目的本身。

这的确值得我们重视，为什么一个明明看起来很勤奋的人，却会有这样的结局？

并不是勤奋本身错了，而是勤奋的目的不对：勤奋不是为了用假装的、无关紧要的"忙碌"，来掩饰自己不愿意提升的懒惰，而是为了提高自己的工作能力，舍得下苦功夫，并在做事的过程中，通过自己的专业能力，让工作变得高效而有成果。

（二）从"埋头苦干"到"抬头巧干"

要从"无效的努力"中摆脱出来，就需要完成从"埋头苦干"到"抬头巧干"的转换。

我们先来看一则"将军和驴子"的故事：

古罗马皇帝哈德良的手下有位将军，觉得自己应该得到提升，理由是：

"我经验丰富，参加过10次重要战役。"

但哈德良皇帝觉得这位将军并没有能力担任更高的职务，于是指着周围的战驴说：

"亲爱的将军，好好看看这些驴子，它们至少参加过20次战役，可它们仍然是驴子。"

这虽然是一个古老的故事，但内涵却耐人寻味：

没有成效的努力，就算是再辛苦、付出再多，也不过是"穷忙"和"瞎忙"而已。

"埋头苦干"主要表现为：

明明很努力，花了很多时间和精力，但效果却不理想；就算有问题，也不愿意去沟通，还是按照自己的想法去做；哪怕不懂，也不愿意向别人去请教和学习；总觉得老方法用得顺手，对于新方法，就算再好，也不愿意尝试……

这样带来的后果往往是：做了很多无用功；付出的多，得到的少，没有成就感；总在低效率重复，没有太大进步。

要改变这样的状况，就不能固守以往的想法，只看自己擅长和需要的，更要懂得结合和兼顾整体的需要，也就是"抬头巧干"，比如，自觉将自己的工作和单位的战略挂钩，将能力最大化和"用在刀刃上"；如果不懂，就先学习，除了向书本学，还可以向周围的榜样学，尽量少走弯路；解决问题前，多想几种方法，敢于尝试新思路。

（三）警惕"有才能的人往往最无效"

在我们以往的认识中，才能越高的人，越有竞争力，也越能干，但德鲁克却提出了不一样的观点：

"有才能的人往往最无效！"

对此，德鲁克做了进一步的阐释：

"一个人的工作能力，取决于他是否具有有效性，以及他在工作中是否能有所成就，而非取决于他是否才高八斗。如果他的工作缺乏有效性，那么即使他有再高的才学，再高的能力，也不会被组织所认同。他注定将是一个在办公室消磨时间的人。"

那么,该如何避免"有才能的人往往最无效"呢?

第一,要充分认识到才能本身并不是成果。

一个人的才能,只有运用到工作中并转化为效益,才能真正体现出价值和作用。

第二,有才能还得找出正确的方向,或是正确的工作方法。否则,再有才能,也不过是穷忙、瞎忙、苦忙。

第三,只有懂得将能力聚焦于目标,才能产生理想效益。

有才能的人往往无效,是因为他们虽然在专业技术等方面很强,但总是错误地觉得自己同时可以做好所有的事情,结果分散了太多的精力,将主目标给丢了,最终反而导致无效甚至什么都做不好。

(四)要努力,但要"努"高质有效的"力"

中国青年报总编辑张坤在公众号中发表过一篇很有影响的文章"为何越努力越累",文中提到在《上位》这部电影中,樊娇凤问罗臻:"我要怎样,才能更上一步?"

罗臻告诉她:"你必须改变你的做事方式。"

怎么改变?

罗臻只给了一句话:"提升你的努力质量。"

张坤对此很有感触,在一个公司或单位,不少人看上去都很努力,但为何越努力越累呢?关键在于,努力不够,要"努"高质量的"力"才行。怎么才能"努"高质有效的"力"?最有效的方法,莫过于自问三个问题:

这样一种"努力",是以业绩效果为导向的吗?

是以工作效率为标准的吗?

是以身心愉快为效应的吗?

如果这三点的回答都是肯定的,这样的努力才是高质量的努力。

二、从用手办事到用脑办事

管理好效率的一个重要途径,是带着思考去工作。也就是从"用手办事"变为"用脑办事"。

发明大王托马斯·爱迪生曾经说过:

"太多的人只知道匆匆忙忙地找到工作后就习惯性地在工作中疲于奔命……为什么世界上大多数的人一生都碌碌无为,一无所成?因为他们没有用自己的大脑去思考。"

这句话道出了为什么很多人的工作不过是在低效率重复的核心:只是机械地用手做事,而不是通过智慧的思考用脑做事。

"用脑办事",简单来说,就体现在九个字上:

明战略、重计划、有方法。

（一）明战略：去掉"埋头傻干"的做法，看清方向好走路

所谓"明战略"，指的是对自己未来的发展要有明确的规划，不是盲目的"埋头傻干"，而是要看清楚方向。

原新东方教师、青年导演、编剧、作家李尚龙曾经写过一篇"不要用战术上的忙碌掩盖战略上的懒惰"的文章。文中，他谈到了自己的一段经历：

毕业后，他进入新东方工作。为了维生，他每天努力工作：从早上8点半坐进教室到晚上9点出来。为了让学生在最短时间内尽可能多学点东西，他上课很拼命，有时候为了不犯困，甚至连中饭都不吃。一天下来，往往累得天旋地转。

因为太忙，既没有时间娱乐，也没有时间提升自己，甚至为此女朋友还跟他分了手。

后来，他和另外两位老师从新东方辞职共同创业，他们自己找平台、集体备课、招生，然后讲课，一切下来，并不是非常累，薪酬不仅没有少，还比之前多了几倍。再后来，他们成立了考虫四六级，招生越来越多，一个月破了一万人。尽管规模越做越大，但他却并没有觉得很忙碌，反而有很多时间被解放了出来。

回想起在新东方时疯狂上课的状态，他觉得那时的自己不是忙，而是懒：懒于去处理工作和人际关系，懒于改变生活状态，懒于去思考为什么自己这么忙。

总结这段经历，他觉得，只有每天都在思考和规划的人，才是生活的主人，才不会被牵着走。反而是那些没有时间规划、不愿意改变的人，才会让自己陷入又累又忙又无效的境地。

李尚龙强调的是职业生涯设计部分必须重战略，作为员工，在工作中同样也要重视战略，尤其是单位的战略。

简单说，这个战略，就是让自己的目标和单位的目标一致，让自己的发展和单位的整体发展紧密相连。

在做好规划、看清方向的前提下，再埋头苦干，这样的努力才能真正用到点子上。

（二）重计划：有条才能不紊

"要做的事情那么多，整天都手忙脚乱。"

"我知道这件事今天非完成不可，但一忙起来就忘记了。"

重要的、需要立即做的事没有做，反而在不太重要、可以稍后再做的事情上花费了太多时间。

类似的情况在工作中会经常出现，这也是导致效率低下的重要因素。要想从这样的杂乱无章中解放出来，就需要管理好我们的计划。

最简单有效的办法，就是以"任务清单来管理日常"。

具体的方法是，每天在工作开始前，先花几分钟思考一下今天都要做什么，并以清单的方式，在本子上逐条写下来。

在列清单的时候，重点是把握以下几点：

1. 最重要和最紧迫的事情，放在最前面，第一时间完成。
2. 当天所有需要完成的任务，都要一一列出来。
3. 留出一定的机动时间，以应对突发的任务。
4. 每完成一条，就在这项任务的后面打一个"√"。
5. 下班前再看一下清单，确保所有该完成的都已经完成。

这样一来，先做什么，后做什么，就一目了然，不会眉毛胡子一把抓，也不会有遗漏。

（三）有方法：善于使巧劲

有方法，就是不仅知道要做什么，而且知道怎么去做才能更快、更好、更有效果。

同样的事情，有时候换一种方法去处理，效果可能就完全不一样。

曾被评为"百姓心中好交警"的孟昆玉，很多北京人对他都非常熟悉，中央电视台"新闻联播"曾经报道过他的事迹。

孟昆玉有一个特点，就是特别善于"智慧执法"。

谁都知道，交警的工作并不好做，每天不仅要面对尘土飞扬的恶劣环境，还要具备很强的应变能力，跟不同的人打交道，处理各种突发事件。

在醉驾还没有入刑的时候，一次，孟昆玉拦住了一位20多岁、酒后驾车的司机。他刚要开罚单，司机的父亲就从车上冲了下来，揪住他的胳膊不让他开，嘴里还嚷嚷说孟昆玉执法不公。

但孟昆玉一点也没生气，只是和颜悦色地问了那位父亲一句："今天您坐在车上，您儿子开车您放心，明天您不在车上，他喝了酒再开车，您能放心吗？"

这句话一下子打动了那位父亲的心，最后父子俩不仅接受了处罚，当父亲的还一再谢谢孟昆玉的提醒。

对于这件事的处理，铁面无私地秉公执法当然也可以，但在当时的情况下，有可能引发双方的争执，就算司机最终接受了处罚，但内心未必服气，下次可能再犯。

而换一种方式，孟昆玉设身处地站在那位父亲的角度，轻轻松松用一句有温度的话，就化解了矛盾，达到了最好的效果。这就是做事的巧劲。

三、与"拖延症"果断告别

"拖延症"最典型的症状是：不管做什么，总是先"等一等""看一看""拖一拖"再说。每次都要等到实在拖不下去了，才匆匆忙忙开始着手。结果是时间耽误了，完成质量也在仓促中大打折扣。

"拖延"现象在职场中普遍存在，中国社科院的一项调查显示：目前中国有80%的大学生和86%的职场人都患有拖延症；50%的人不到最后一刻绝不开始工作；13%的人没有人催不能完成工作。

要想让工作变得高效，就必须果断地跟"拖延症"告别。

(一)不要老在研究和思考

研究和思考在工作中都很需要,但不能以此作为拖延的借口。

作家马长山在其幽默之作《思路花语》中讲得好:"年轻人要成功,第一是要思考,第二是要思考,第三是不能老思考。"

这句话十分精彩,还可以补充一点:

不断思考才能更好生活,但是只有向前走才是生活。

就像德国作家歌德说的一样:

"仅仅知道是不够的,还必须去运用;仅仅有意愿是不够的,还必须有行动。那些只说不做的人,就像只打雷不下雨一样,是不可能会成功的。"

研究和思考的目的是为了更好地行动,如果不体现在行动和结果上,思考和研究就失去了意义。

(二)改"尽快"为"马上"

京东的《京东人事与组织效率铁律十四条》中,有一条为"24小时原则":公司不允许拖拉,对邮件的回复一定要快!即使你出国,也要下了飞机就回复,超过 24 小时不回邮件的高管,会被公司立刻开除!

这样的规定看上去很苛刻,但也正是这样高效率的执行,让京东快速成长为电商巨头。

职场中的"拖延症",往往有这样的表现:

第八章　管理好效率：不重苦劳重功劳

接到任务后，即使知道具体的完成时间，但总是以"太难了""太枯燥了""要花的时间太长了"等理由，不想也不愿意立刻去做。

虽然每次都下决心"我要马上做""我得早点开始"，却总是被"先上上网""看部电影再做也不迟"等想要先放松一下的情绪牵着走。

每次做事之前，都要先在内心抗拒、抱怨一番，经过很长时间才能让自己进入做事的状态。

每当有其他想法产生或别的事情干扰，就会停下来去做别的既不重要又不相干的事情……

要改变这样的状态，就不能允许自己被"拖延"的念头拖着走：每当有想要推迟开始或者拖延的想法出现时，立刻斩断它，不假思索地开始行动。

就如同《亮剑》里那样，李云龙和赵刚商量搞一个特别小队，挑选会武功的战士，赵刚说：

"那好，这事你尽快去办！"

李云龙说："不用尽快，我马上就去！"

一个人在职场中的成熟，很重要的一点就在于学会及早面对问题、解决问题，越早面对就越主动，越早解决就越有力量。

四、做一个优秀的"时间管理者"

管理好时间，是让工作变得高效的重要途径和方法。

我们之所以感到时间不够、被工作追着跑，大都是因为不懂得时间管理的艺术。

现代管理之父德鲁克更是强调：

"不能管理时间，便什么也不能管理。"

要成为一个高效率的员工，就必须成为一个优秀的"时间管理者"：将时间进行合理分配，让该做的事情都能在有限的时间内做好。

（一）真正了解自己的时间用到哪里去了

虽然人人都知道时间宝贵，但对于自己的时间到底是怎么用掉和耗费的，大多数人都没有认真思考过。

很多人只是凭着模糊的直觉，感觉自己很忙碌，时间并没有被浪费掉，但现实和感觉之间，往往存在很大的差距。

一次，德鲁克问一家公司的董事长是怎么安排自己的日常工作时间的。董事长肯定地给出了答案，自己的时间大致分布如下：

1. 1/3 用于与公司高级管理人员研讨业务。
2. 1/3 用于接待重要客户。
3. 其余 1/3 则用于参加各种社会活动。

德鲁克建议他记录下自己的时间分配情况，结果这位董事长发现在上述三个方面，他其实几乎没有花什么时间。实际记录显示，他的时间大部分都花在调度工作上，例如处理他认识的顾客的订单、打电话给工厂催货。

第八章 管理好效率：不重苦劳重功劳

也就是说，问题很明显：真正要做的事和实际所做的事相差甚远。

所以，管理好时间的第一步，就是沉下心来，对自己的时间都用在哪里做一个记录，记录周期根据自己的情况，可以是一个星期，也可以是一个月。

然后对记录进行分析和总结：哪些时间的花费是必不可少的？哪些是可以增加的？哪些是能够缩减的？哪些是没有必要的？

通过分析，我们就可以知道，怎样才能够更加合理、有效地安排自己的时间。

（二）跟"时间窃贼"做斗争

时间管理学家研究发现，我们的时间往往是被下述十大"时间窃贼"给偷走的：

1．找东西。
2．懒惰。
3．时断时续。
4．一个人包打天下。
5．偶发延误。
6．惋惜不已或做白日梦。
7．拖拖拉拉。
8．对问题缺乏理解就匆忙行动。

9．消极情绪。

10．分不清轻重缓急。

我们不妨对照一下，仔细找找哪些是存在于自己身上的"时间窃贼"。这个"窃贼"越具体、越清晰，越有助于我们对症下药。

为了战胜"时间窃贼"，我们不妨学学华为的做法：

专业的统计数据指出，人们在工作时平均每8分钟就会受到1次打扰，每次打扰大约是5分钟，这样统计下来，每天因打扰而产生的时间损失就是5.5小时。按8小时工作制算，这就占了工作时间的68.7%。

华为也明显意识到了这一点，因此提出：

"打扰是第一时间大盗"，并提出了华为的时间管理法则——"韵律原则"，包括两个方面：一是保持自己的韵律，如对于无意义的打扰电话要学会礼貌地挂断，要多用打扰性不强的沟通方式（如 e-mail）等；二是要与别人的韵律相协调，如不要唐突地拜访对方等。

我们也可以先找找自己的"第一时间大盗"，并以此为突破点，确保时间能够真正用在值得花费的事情上。

（三）根据工作需求，列出时间安排表格

怎么将时间安排进行列表，我们以市场部的小王为例来说明。

小王刚开始做业务时，通常是查到一位客户的资料，就给对

方打电话沟通，接着给客户发邮件，然后再查下一位客户的资料。这样一天下来，时间花了不少，效果却并不好，一天联系不了几位客户。后来她总结了一下经验，给自己做了一张时间分配表：

1. 上午 8:30－9:00 是打电话的准备期，主要是熟悉今天要打电话的客户的基本情况。

2. 上午 9:00－11:00 是打电话的黄金时间，所以要在那段时间多打电话。

3. 上午 11:30－12:00 是集中发邮件的时间。

4. 下午 1:00－2:00 查客户的资料，主要包括客户的企业文化和企业的培训动态。

5. 下午 2:00－4:30 集中打电话回访。

6. 下午 4:30－5:30 发邮件或整理第二天的客户名单。

这样一来，每个时间段该干什么就一目了然，将查资料和发邮件这样的琐事集中处理，其他时间做客户联系和回访。

时间表的合理安排一经运用纯熟，小王的工作效率就有了大幅提升，可以从容地完成工作内容了。

如果我们在工作中也出现类似花了很多时间、效果却不理想的情况，不妨也采取制作时间表的方法重新规划一下。

（四）用"五大绝招"解放时间

这"五大绝招"分别是：

1. 删除。简单说，就是将那些不必要的工作删除掉，以保证工作的简明高效。

2. 合并。也就是将可以放到一起的工作合并在一起做。有些工作内容不仅有关联还互相重叠。如果可以放在一起去做，就避免了重复工作，时间自然就节约出来了。

3. 替代。处理事情的方式往往不止一种，当一种方式不仅耗费时间比较多、效果也不理想的时候，可以寻找另一种方式来代替。

比如，你手头正有重要的工作要做，合作方打来电话要跟你就某个问题进行沟通，但又无法用简短的话说清楚，这时你可以建议他放下电话，把要沟通的事情用电子邮件的方式告诉你。

这样一来，就可以避免将时间花在冗长的对话上。

4. 挤压。也就是学会将那些平时浪费掉的时间挤压出来。

在这一点上，我们不妨学学李开复的做法，使用时间碎片和"死时间"：

"我前一阵和同事一起出差，他们都很惊讶为什么我整天和他们在一起，但是我的电子邮件都可以及时回复？后来，他们发现，当他们在飞机上和汽车上聊天、读杂志和发呆的时候，我就把电子邮件全回了。重点是，无论自己忙还是不忙，都要把那些可以利用时间碎片做的事先准备好，到你有空闲的时候有计划地拿出来做。"

5. 转移。这一点很好理解，当自己忙不过来的时候，不妨思考一下，哪些事情可以安排给别人去做，或者请其他人来帮忙。

第九章

管理好人际关系：让助力多起来，让阻力少下去

一、越能站在领导高度考虑全局，越能得到领导重视

二、愚者多阻力，智者多助力

三、警惕"高耗能人士的七个习惯"

"智者多助力,愚者多阻力"。在职场中,发展顺利,往往是因为得到的"助力"多,而发展不顺,是因为得到的"阻力"多。

得到的是"助力"还是"阻力",往往取决于我们对人际关系的处理。一个没有智慧的员工,总是缺乏赢得别人支持的意识,甚至让自己成为别人的麻烦和问题。

而一个有智慧的员工,会管理好人际关系,懂得通过改变和改善自己来得到别人的认可和帮助,尽可能减少阻力,获得更多的助力。

一、越能站在领导高度考虑全局,越能得到领导重视

在单位中要获得发展,离不开领导的重视。而要获得领导重视,就需要尽量和领导所希望、所思考的保持一致。

这并不是要我们投领导所好,更不是让我们溜须拍马,而是要像领导一样,具有全局意识,让自己的行动和思考能够时时符合企业的利益和整体发展需求。

(一)时刻重视单位利益,对领导的话善于回应

善于管理好人际关系的员工,大都有一个共同的特点:善于对领导(同事、客户、合作伙伴等)的话进行回应。

我们来看看曾经获得"全国五一劳动奖章"、湖北省"十佳打工妹"和"三八红旗手"等荣誉称号的陈艳书的一段经历。

第九章　管理好人际关系：让助力多起来，让阻力少下去

18岁那年，陈艳书从农村老家到武汉市打工。因为没有学历和一技之长，她只能从端盘子做起。

她的第二份工作，是在武汉市著名的小蓝鲸酒店管理公司做服务员。

她非常珍惜这份来之不易的工作。她知道自己读书少，要学习的地方很多。为了提高服务质量，她处处留心观察，不懂就问，什么活都抢着干，别人休息的时候，她就通过读相关书籍和看报来提升自己。

刚到小蓝鲸工作没多久，她发现酒店的卫生间经常堵塞。一次在给疏通公司付账时，总经理说了句："堵一次，掏一次，就得几十块。如果有人每天晚上等客人走了以后，将厕所冲上三五分钟，厕所就不会堵了。"

当时正好在一旁的陈艳书立刻问了老总一句：

"为什么？"

总经理告诉她，因为白天上厕所的客人多，会导致水压比较低，晚上等客人都走了，水压就会大很多，即使有一点堵塞，如果能冲上几分钟，也就会疏通了。

总经理当时无意中说的这些话，被陈书艳记在了心里。从那以后，她每天下班后都会将厕所冲上几分钟。半年过去了，厕所再也没有被堵塞过。

一天，她已经睡下了，突然想起厕所还没冲，于是立刻爬起来回到了酒店。在门口，刚好被董事长和总经理碰见。

得知她这么晚回酒店是为了冲厕所时，总经理笑了笑，说了一句："怪不得厕所这么长时间没堵了。"

董事长和总经理都记住了这个朴实而敬业的女孩。一个月后，陈艳书被提为领班，三个月后，又晋升为主管，直到后来成为小蓝鲸山味特色店的执行总经理。

从一个普通打工妹到执行总经理，陈艳书有这样人生跨越的背后，跟很多因素（比如勤奋、好学等）都有关，但也跟对领导的话善于回应有关。

虽然冲厕所不是什么大事，但就是从这种对小事的坚持中，体现了陈艳书只要是对单位有益的事、就当成自己的事去做的优秀品质。而这种品质，也正是一个企业管理者必备的品质。董事长和总经理也正是看到了陈艳书的这一点，才愿意给她机会，最终委以重任。

需要特别指出的是，对领导的话善于回应，关键在于两点：

一是领导所提出的，是和单位的利益和发展密切相关的；二是这种回应是发自内心的，不是为了图表现才去做的。

（二）当领导有难处时候，要懂得为领导分忧

英特尔前 CEO 安迪·葛洛夫说过："不管你在哪里工作，都别把自己当成员工，而应该把公司看作是自己开的一样。"

分析那些成功人士的经历，他们大都在成长的阶段就具备这样的思维。无论什么时候，他们都有强烈的、愿意为单位和领导

第九章 管理好人际关系：让助力多起来，让阻力少下去

分忧的意识。

曾获"深圳百名行业领军人物"等多项荣誉的深圳美丽集团董事长兼总裁欧阳祥山，曾经在武警部队服役过。

著名作家何建明在《从乞丐到富翁：一个中国男人的财富诗章》中写过这样一个关于他的故事：

一天，欧阳祥山所在的四中队和五中队同时接到了挖鱼塘的任务，两个中队要求比赛看谁挖得快，可当时四中队正面临年终评比，两件事情都要顾，这让队长犯了难。

这时，身为排长的欧阳祥山，主动提出带自己这个排去挖鱼塘，其他的人可以去年终评比，一筹莫展的队长同意了他的建议。

于是他马上带着大家赶到鱼塘开始干活，由于人比较少，别人休息的时候，他们还是选择继续干活。

后来指导员看到四中队人数较少，就询问情况：

"这么少的人怎么干得比一个中队还快？"

后来得知欧阳祥山带领一个排干出的成绩超过了一个中队，指导员非常吃惊。最终，四中队得到了前三名的好成绩。

欧阳祥山的表现给领导留下了很深的印象，不出半年，他被提拔为中队长。

细节往往最能体现一个人的担当精神。无论什么时候，企业最需要的都是敢于担当的人：不仅是对自己的担当，更是关键时刻对整个团队和企业的担当。只拘泥于自己那点工作的人，充其量只是一个好员工而已，但胸怀整个团队和企业的人，才是能够

有大发展和大机会的人。

（三）具有"大画面"意识

海尔集团前总裁杨绵绵曾经说过："胸怀全局者，才能担当重任。"其实，"全局意识"不仅仅是海尔集团这样著名企业选拔人才的标准，也应该是所有人才选拔的标准。

用联想集团董事局名誉主席柳传志的话，就是要有"大画面"意识。

在总结什么是战略思维时，柳传志用了一个生动的比喻：看油画的时候，退到更远的距离，才能看明白。离得很近，黑和白是什么意思都分不清。退得远点，就能明白黑是为了衬托白，再远点，才能知道整幅画的意思。

"大画面"意识，总结起来最重要的就是：了解"大环境是什么、大背景是什么、总体目标是什么？未来的发展对成本、经营方式等各方面有什么影响？"等，然后再考虑如何协调、具体该采取什么方式和方法。

二、愚者多阻力，智者多助力

在职场中，"阻力"最集中地表现为：处处难以得到别人的认同和支持，做什么都感觉很难，甚至总觉得自己是在孤军奋战。

第九章 管理好人际关系：让助力多起来，让阻力少下去

要改变这种状况，变"阻力"为"助力"，首先要调整心态和想法，让自己能够尽快和谐地融入整个团队中去。

（一）越能读懂人性和人心，越能减少阻力，增加助力

社会学家阿伦森曾写过一本书——《社会性动物》，其主要观点是"人是一种社会性的动物"。

也就是说，每个人都是社会的一部分，没有人能够独自成功。想要在职场中有所发展，就一定要学会赢得别人的帮助。

而赢得别人帮助的关键，就在于懂得人性和人心。

什么是人性？用一个通俗的解释就是：

人性＝佛性＋魔性。

每个人的内心，都具有佛性和魔性的两面。

当你用恶魔般恶劣的态度去对待别人时，别人心里的魔性也会被你激活，矛盾和摩擦自然就会如影随形。

换一种方式，当你以一颗佛祖般宽容、慈爱的心去对待别人，就会相应地激起对方的佛性，从而使双方达成一种良好的沟通状态。

谁都希望接纳和亲近能够激发自己内心佛性的人，也愿意给予这种人机会、支持和帮助。

（二）越把自己当作世界的中心，越难成为世界的中心

这是很多人尤其是刚刚步入职场的年轻人最容易犯的毛病：

觉得自己在学校里很优秀,进入职场也理所当然应该成为"宠儿"。

他们的共同特点是:有一定能力,但很自我,总想别人顺着自己的想法,否则就会不高兴,甚至因此跟别人产生争执和矛盾。

久而久之,大家都对他避之不及,就算表面上维持着客气,但心里却并不买账,同时,一个跟谁都处理不好关系、到哪里都不受团队欢迎的人,自然很难有升职的机会。

这样一来,又会造成他愤愤不平,觉得自己受到了不公正的待遇,怀才不遇,都是因为别人在压制着自己。

其实,越把自己当世界的中心、希望别人都来适应自己的人,越不可能成为世界的中心。

与其抱怨别人,不如反省一下自己,问题到底出在哪里。

曾经看过一篇"一个人要怎样才算有教养"的文章,作者达达令讲述了这样一件事情:

公司中午管午饭,合作的餐饮公司每天会将午饭送到办公室门前的大走廊,将十几盘菜摆在那里,大家各自拿碟子自助取餐。

为了方便收集用过的餐具,餐饮公司特意提供了两个大箱子。大家都会将吃剩下的饭菜先倒进旁边的垃圾筒,然后再将碟子放进箱子。

一天,他看到一个男生将饭菜外加一碗没有喝过的汤,全部直接丢进了箱子里,顺便还丢进一大团刚擦过嘴的纸巾。纸巾被汤水一泡,一坨坨在菜汤上漂着,他看了差点没把午饭给吐出来。

第九章　管理好人际关系：让助力多起来，让阻力少下去

接下来几天，那个男生依旧如此。有一天，他实在忍不住了，于是用半开玩笑的口吻提醒男生先将剩饭剩菜倒进垃圾筒。

没想到男生满不在乎地一笑，说："我要是那么勤快，清洁阿姨岂不是要失业了！"

男生的回答让他很震惊，因为他知道这名男生是他们部门老大亲自面试进来的研究生，平时看起来工作能力不错，也很积极热情。

三个月后，男生过了试用期要转正了，因为他和男生所在部门有工作上的交叉，所以人事部门的同事让他给男生做一个评价，他直接写了一句：我不认为此人可以很好地处理目前的工作。

他觉得还有很多人会给男生写评价，自己的意见不会占多大分量，没想到几天后，男生被辞退了。他一打听，原来很多同事写的评语跟他一样。

据说那名男生在离开的时候，觉得特别委屈和不公平。

为什么一个学历和能力看上去都不错的人，最终却以这样的方式离开了？

很多时候，我们最大的障碍，不是别人，而恰恰是自己。

明道副总裁许维曾经说过："人品是一个杠杆，它能够成倍地放大你的价值，也能成倍减少你的价值。"

进入一家企业，就要懂得以相应的标准来要求自己，遵循大家共同遵守的东西和准则，比如尊重、包容、互相理解等。如果你连最起码的要求都做不到，不要说发展，可能连在职场中生存下去都会有很大的问题。

（三）做个高情商又能干的人

在职场中得到助力最多的人，往往是既能干情商又很高的人。高情商主要体现在以下四个方面。

第一，愿意适当放低自己。

做事的时候，我们可以争，尽量多做而且做好。但面对名利和荣誉的时候，则不妨少争，适当放低自己，愿意将别人摆在比自己更重要的位置。尤其当成绩是整个团队共同努力的结果时，功劳尽可能让给别人。

第二，懂得欣赏和赞美。

黄渤是娱乐圈中公认的情商很高的演员之一。他有一个特点，就是特别懂得欣赏和赞美别人。

2016年，黄渤做客访谈节目《鲁豫有约》的时候，主持人鲁豫问他："黄渤现在相当火，是吧？"黄渤马上回答说："肯定相当火，你想想，都能跟鲁豫坐这儿聊天了，那还不火吗？"

简单的一句话，既对鲁豫和她的节目进行了高度的赞美，又巧妙地肯定了自己。

当然，需要指出的是，不论欣赏还是赞美，都要恰如其分，否则效果就会适得其反。

第三，能够接纳不同意见。

由于每个人的思维模式、工作方法都不一样，因此有不同意

第九章 管理好人际关系：让助力多起来，让阻力少下去

见也正常。情商高的人，不管是面对不同意见还是批评和否定，都能够很好地处理。

没成名之前，黄渤曾去试杨亚洲导演的一场戏。杨亚洲只看了他一眼，立刻就对身边的人发火了："找这么个人来演，不是瞎胡闹吗？"

但黄渤一点都没生气，而是不紧不慢地笑着说："您看我演一次成吗？"杨导一看小伙子素养不错，就让他演了一次，看了之后觉得挺好。

于是黄渤又说："我还有一种演法，您要不要看看？"于是杨导又让他演了一次。之后黄渤更来劲了，提出还要再换一种方式演一次，这下杨导才说："够了，不用啦，很好了。"

这就是高情商的人的处理方法：对于不同意见，如果对方有道理，就虚心接受，而不是固执己见；对于别人不一定正确的批评和否定，也不会觉得自尊心受到了伤害，更不会用发脾气的方式来发泄不满，而是通过适当的方式和途径展示自己，改变别人的看法。

第四，任何时候都不抱怨。

随时将抱怨挂在嘴边的人，哪怕再有能力，也不会受欢迎。爱抱怨的人，不仅会让自己充满负能量，还会给周围的人带来消极的影响。

世界上最大的单一软件公司——趋势科技公司的创始人张明

正,从公司创办的第一天起,就将"开口埋怨不如闭口做事"作为公司的核心文化理念。

这一理念,来源于他上学时的一段经历。

张明正出身贫寒,读书时成绩不好,高中毕业后没考上大学。平时就爱抱怨的张明正于是将一肚子的不满发泄到了父母身上,觉得这一切都是因为家庭条件不好、父母没有给他创造好的学习环境造成的。

平时一向很宽容的父亲,这一次冲他发火了:"张明正,我人生失败是我无能!你的失败该由你自己去承担!你与其天天开口抱怨,不如闭嘴做事!"

父亲的愤怒让张明正一下子醒悟了。于是,他开始埋头学习,一年后考上了台湾辅仁大学。他的命运从此开始彻底改变。

后来,他创办了自己的公司。因为有过切身体会,他深知抱怨的危害有多大,不仅不能解决任何问题,还会让自己和别人陷入无比糟糕的境地。

因此,从公司开始起步那天起,他就将"开口埋怨不如闭口做事"作为核心理念,在员工中进行推广。公司很快壮大起来,他最终也成了全球高科技行业的领军人物。

在职场的一些恶习中,抱怨可以说是最没有价值也最消耗正能量的事情,有百害而无一利。所以,无论什么时候都要记住:只做事,不抱怨。

第九章　管理好人际关系：让助力多起来，让阻力少下去

三、警惕"高耗能人士的七个习惯"

曾被美国《时代》周刊评为"25位最有影响力的美国人之一"的史蒂芬·柯维，写过一本非常畅销的书——《高效能人士的七个习惯》，将优秀人才的习惯总结为七个方面：

积极主动、以终为始、要事第一、双赢思维、知彼知己、统合综效、不断更新。

这七个方面，成了不少人改善自己和提升绩效的实用指南。

但在实际工作中，很多人的习惯和上述七个方面却形成鲜明的对比，成为典型的"高耗能人士"，这类人虽然有一定的能力，但却是企业中潜在的"不稳定""破坏性很强""需要在他（她）身上耗费大量时间和精力"的因素，甚至在很多时候，他们的负面作用要远远超过正面的影响。

这类人特别需要我们警惕，要想在职场中少一些"阻力"，就要杜绝"高耗能人士的七个习惯"。

我们的同事，《中国青年报》的陆小娅，专门写过一篇"高耗能人士的七个习惯"的文章，值得和大家一起分享和学习。

文章中，陆小娅提出，对于一个组织而言，最怕的是"高耗能人士"。对于这些人，用流行的"二八原则"来说，一个部门中不论有多少人，领导花在别人身上的精力是"二"，花在他身上的精力是"八"；他高兴、愿意好好干活的时间是"二"，他不高兴、

不好好干活的时间是"八";他愿意与人共享的东西是"二",他要别人奉献给他的是"八";他让人省心的时间是"二",他让人费心的时间是"八"……

这些"高耗能人士"一般都比较聪明,做起自己想做的事来,通常都能把活干得漂亮,很容易让人觉得"你太有才了"!但时间一长,反对声就出来了:"这个人是谁看上的?""这样的人怎么能进来?"

因为这样的才子、才女固然会带来一些"业绩"和"亮点",但他们消耗掉的能量却要大于他们对组织的贡献。他们高兴的时候偶尔会"火花"一闪放出异彩,可大多数时候他们都是组织中的焦虑源、冲突源。他们总是捅娄子、惹是非、找麻烦、挑事端,一不留神,组织就被他们拖入低效和混乱的状态。

为此,陆小娅总结了"高耗能人士的七个习惯":

习惯一:喜欢迟到,并总能为自己的迟到找出理由。

习惯二:遇到不顺心的事,立刻把自己放到受害者的位置上,让别人为自己的不爽埋单。

习惯三:善于负向联想,把简单的问题复杂化。

习惯四:缺乏界限感和分寸感。他们在与人交往时总以"自我"为中心,缺乏界限感和分寸感,只要自己有需要、有意愿,就可以不分时间和场合地去说、去做,根本不顾及他人感受。他们的行为不是令领导难堪、异性尴尬,就是让同事为难、朋友蒙羞,甚至吓跑客户,气走合作者,自己还视之为"坦诚""真实""不虚伪""坚持原则""追求真理"。

第九章 管理好人际关系：让助力多起来，让阻力少下去

习惯五：喜欢对别人提要求，却不允许别人对他提要求。

习惯六：虽然承诺在先，但在关键时刻总会出状况，是组织中的"不确定因素"。

习惯七：当陷入困境时，立即退化为儿童，需要大剂量的陪伴和安抚。

不仅如此，大多数"高耗能人士"对自己身上的这些习惯并没有觉察，也不会反省，一旦发生摩擦，他们不认为自己有问题，而认为责任都在别人和组织身上，自己只是委屈的无辜的受害者。

在职场中，这类"高耗能人士"并不少见。我们不妨对照一下，看看自己身上是否也有类似的习惯，如果有，就尽快地改变它。

第十章

管理好风险：敬畏是智慧的开端

一、越能懂得敬畏，越能远离风险

二、戒律是制约你的，也是保护你的

三、要想不误事，避免"想当然"

管理好风险,是让我们学会按照职场的规律办事,不触碰"红线"和"底线",以避免工作中出现错误。

这就需要我们懂得敬畏,知道哪些可以做,哪些不能碰,哪些需要事先防范。

这是对工作的负责,也是对自己的保护,能够避免自己陷入被动甚至危险的境地中。

敬畏是智慧的开端,也是管理好风险的关键。

一、越能懂得敬畏,越能远离风险

新加坡纸业大王黄福华先生经常以这句话教育年轻人:"敬畏是智慧的开端。你要远离人生的风险,就首先要懂得敬畏。"

的确如此,好员工要管理好风险,先得从培养自己的敬畏之心开始。

(一)不碰"高压线"

所谓"高压线",就是明令不能碰撞的东西。如法律、单位的规章制度等。

提起周润发,许多人都不禁充满了尊敬甚至崇拜,因为他是华人世界著名的"影帝"之一,如果有可能,有谁不愿意成为他那样有成就的人呢?

第十章 管理好风险：敬畏是智慧的开端

但你是否知道：在周润发刚刚参加工作的时候，曾经碰到过"高压线"而受到严厉的惩罚呢？

周润发的第一份工作是在酒店做服务员。当时他家里穷，为了多赚一点钱，他不断培养自己的职业素养，力争成为最受欢迎的人。

有一天，他妹妹来了，急需一些钱用。可是他实在帮不了妹妹太多的忙。妹妹刚走，一辆轿车停在了酒店门口。一位气质优雅的金发女士从车上走下来。

周润发带着他那富有感染力的微笑迎了上去，之后，很快帮这位女士将行李送到了她下榻的房间。

那位女士对他的服务很满意，就掏出一美元，作为对他的感谢。

根据酒店当时的规定，服务员是不能私下接受客人小费的。但由于妹妹需要钱，周润发四下一看，没有看见其他人，便将钱赶紧塞进了口袋。

就在他为自己和妹妹得到这一美元而庆幸时，怎么也想不到，领班就像从地下冒出来似的，突然出现在他的面前了。周润发一时心慌意乱，不由自主地将那一美元又拿出来，伸向领班。

不料领班又是一声极其威严的喝问：

"还有吗？"

"没……没有了。"周润发颤抖着回答。

这时候，只听见领班更冷酷地说了一句：

"你可以走了！——你可以回家了，这里不再需要你了！"

这真是晴天霹雳,将初涉职场的周润发打晕了。他噙着泪水苦求领班:

"我知道我错了,我以后一定改正,请您一定原谅我这一次吧……"

但是,领班根本不为之所动,而是严厉地对他说:

"你去账台结完你的账就赶紧走吧,别再烦我了!"说罢,就头也不回地走了。

周润发无论如何也想象不到:仅仅是一美元的小费啊,而且最后还没有进自己的荷包,怎么就被炒鱿鱼了呢?

但不管他怎样想不通,生活本来就拮据的他,还是不得不丢掉这一份好不容易得到的工作,灰溜溜地离开了那家酒店。

这件事给了周润发极大的教训。在以后的工作中,不管遇到怎样的诱惑,他都能守住底线,决不犯同样的错误。

周润发的故事,其实是每个人在工作中都有可能遇到的情况。这时候,就要格外树立敬畏意识。

有的人,不把国家的法律和单位的规章制度当一回事,小到犯迟到等常识错误,大到侵吞单位和国家的财产,甚至为一己小利不惜犯错等。都是缺乏碰"高压线"意识的体现。而其结果,往往是害了别人,更害了自己!

有一句话说得好:"自由的代价是自律。"不碰"高压线",就是让你有真正的自律,能确保你自由,并远离一些不该有的危险。

第十章 管理好风险：敬畏是智慧的开端

（二）魔鬼体现在细节中

很多时候，我们工作中的失误，往往源于疏忽。某个看似不起眼的地方没有考虑到，就可能带来大麻烦甚至造成严重的后果。

所以，在工作中，我们要养成做事之前既要通盘考虑，又不放过每一个点、每一个细节的好习惯。

一次，我应邀参加团中央召开的一次会议，一位慈善基金会的老总给我讲过这样一件事：

曾经有一位名牌大学的毕业生应聘到他们机构工作。这位员工多次提出希望担任一些重要的工作，多接触一些国际人士。

正好基金会当时要召开一个国际性会议，这位员工便自告奋勇提出做外联工作，基金会鉴于他刚来，对会议的很多流程和细节都还不了解，所以只让他负责整理邀请名单。

这位员工虽然接受了分配给他的工作，但心里却并不乐意，心思显然也没放在这上面，不仅记录时字迹潦草，输入电脑时也没有认真核对。

结果邀请名单一寄出，错误百出，给基金会带来了很大的麻烦。老总不禁批评他说：

"你只顾自己的感受，既不听从领导的安排，也不考虑会议的整体运作，不要说更重要的工作，就是现在的工作也没法放心地交给你。"

但这位员工显然并不服气,在他看来,正因为分配给他的工作很简单,所以他才没有很在意,如果让他负责重要的工作,他肯定会认真对待。

这位老总不禁感慨地说:

"一个连简单工作都做不好的人,怎么能够指望他在重要工作中注重细节?"

的确,注重细节没有大事小事之分,它就是一种工作习惯。

不注重细节,可能就会引来"魔鬼"和灾难,很多事故的发生,就是因为对细节的忽略造成的。所以,请记住一句话:

"魔鬼体现在细节中。"

(三)不消除隐患,隐患就可能成为大患

所谓隐患,是指那些隐藏的、可能对自己或者他人、团体产生不良影响的不稳定因素。隐患往往是看不见、摸不着的,所以才需要我们仔细辨别,事先加以排除和防范。否则,隐患就可能变成大患。

多家新闻媒体曾报道了安徽合肥一家公园的游乐设施"世纪滑车"发生事故,导致两名学生一死一伤惨剧的新闻。

当时,"世纪滑车"的 6 节车厢里搭载了 7 名乘客,顺着 15 米高的轨道缓缓爬升,当滑车即将爬升到最高点时,却突然停了下来。

随后，6 节车厢急速倒滑，导致最后一节车厢脱轨，坐在最后一节车厢内的一名女中学生被甩到了车后的钢轨上，转眼间，5 节继续下滑的车厢碾过她的身体，和她坐在同一排的同学也被甩出后摔伤。

随后，这名女中学生和她的同学被送往医院进行紧急抢救。

尽管她的同学捡回了一条命，然而这名女中学生因为伤势过重，送到医院时已经停止了呼吸。

一个花季少女就这样失去了生命。

事故发生后，有关部门对事故进行了调查取证，在调查中发现："'世纪滑车'出事前半个小时，2 号车厢与 6 号车厢连接部位断裂，公园自身没有能力焊接，一名修理工就自作主张调换了这两节车厢的位置，他认为，两节车厢调换应该没有问题。

随后在对滑车进行 3 次空车试运行时，每次都听见滑车发出异响，但他并没有在意，觉得发出怪声对运行不会造成很大影响。

更可怕的是，当天滑车的操作人员竟然没有上岗证，不具备发现异常情况的能力。按照规定，这样的人员是不能对游乐设施进行操作的。

因为修理工认为"两节车厢位置调换没事"、公园管理员认为"操作人员无证上岗没问题"，结果，一个个的疏忽，导致了事故的发生。

任何人都希望"没事""没问题"，但这需要建立在充分考虑各种可能性，并对每一个可能性进行细致检查、保证万无一失的基础上，而不是自认为的"没事""没问题"。

在工作中，我们常常听到这样的话："没事，肯定没问题。"

如果真的没有问题当然很好，但往往这时候，问题就会出现。

自认为的"没事"，往往就会将疏忽变成隐藏在我们身边"内奸"的根源，也是导致执行不到位的大敌，甚至会引起灾难。

所以，也请记住一个帮助你清除隐患、保证安全的"十六字方针"：

"常说没事，就会有事。常怕有事，就会没事。"

二、戒律是制约你的，也是保护你的

在给企业做培训的时候，很多管理者都有一个共同的感觉：越年轻的员工越不好管理。虽然他们有自身优势，比如充满活力、具有创新精神，但缺点也很明显，比如个性强，最集中的表现是不喜欢被约束，不愿意遵守制度和规定。

其实，制度和规定看起来是约束，实际上却是对我们的保护：它让我们的行为规范都在许可的范围之内，否则，就很容易走错路，甚至犯下错误。

（一）不懂得约束，飞得越高可能跌得越惨

懂得约束，最重要的是不要挑战大家共同遵守的规则，否则，

第十章　管理好风险：敬畏是智慧的开端

就算个人再有能力和才华，也很可能跌得很惨。曾经担任过华为副总裁的李一男就是典型的例子。

李一男从小天资聪明，15岁就考上了大学，被誉为"天才少年"。1993年，李一男正式加入华为，两天升为工程师、半个月升为主任工程师、半年升为副总经理、27岁成为华为副总裁。李一男凭着极为出色的技术能力，以及对技术发展趋势和产品走向的超强敏感度和把握力，为华为打开市场起到了关键性的作用，深受总裁任正非的赏识，也为自己创造了传奇式的发展。

但与此同时，他个性上的弱点也显露无遗，"性格叛逆""直接""集科学天才和处世弱智于一体"，是很多人对他共同的看法和评价。

比如有一次，李一男和同事去山东竞标，客户问华为的基站冬天在山东是否能用，华为的一位技术人员回答说没问题，华为在内蒙古的实验局，在大雪纷飞的时候都用得好好的。

但李一男对这样的回答却非常生气，他觉得应该准确到零下几十度，于是在会上直接指责技术人员，并让他马上从华为离职！而事实上，当时未必有这样的数据，即使有，也不一定准确。

2000年，华为开始内部创业，员工可以用手中股权兑换相应价值的产品，但要和华为签订君子协议：只能作为华为产品代理商，不能涉及产品研发。

李一男签订了协议，并辞了职，带着华为的1000万元分红和设备到了北京开始自己创业。

他新创立的港湾公司开始以极快的速度发展。刚开始，公司只销售华为的设备和产品，但很快就推出了自有品牌产品，不再代理华为的产品。这意味着李一男不再遵守协议中的承诺，正式与华为决裂。

李一男选择了 DSLAM 作为港湾的突破产品，推出后深受市场的欢迎，而华为当时还没有推出相应的产品。

2003 年年底，港湾开始筹划去纳斯达克上市。为了尽快做大规模，港湾收购了另一位"老华为人"创办的、专供光传输设备的钧天科技。

这样一来，港湾和华为之间形成了全面竞争的局面。

当初华为推出"员工用手中股权兑换相应价值的产品"的政策，是为了鼓励员工内部创业，但如今"内部创业"却成了正面竞争对手，这无疑触碰到了任正非的底线。

于是在 2004 年，华为专门成立了"打港办"，专门针对港湾实施一系列"屠杀"政策。

在华为采取的一系列措施下，李一男和他的港湾很快陷入困境，上市梦也最终破灭。

李一男曾经在一次采访中这样说道：

"一流的人生，就是看着别人犯错误，自己不犯错误，吸取经验教训；二流的人生，是自己犯错误，自己吸取教训；三流的人生，是自己犯错误，自己还不吸取教训。我学习还不够及时，目前还只是二流的人生。"

第十章 管理好风险：敬畏是智慧的开端

的确，真正有智慧的人，不会一意孤行，而是会从别人的错误中吸取教训，提醒自己不要犯同样的错误。个人即使能力再强，也要懂得约束自己，如果天马行空，甚至凌驾于规则之上，必然会付出惨重的代价。

（二）一脚油门，一脚牢门

一次，我到大庆做培训，遇到一个老司机，聊天时，他告诉我自己开了四十多年的车，从没有出过事。

于是我问他是怎样做到的？

他回答说：

"这么多年，只要一上路，我就想到我这两只脚，一脚踩在油门上，一脚踩在牢门上！这样一来，我哪能不小心啊！"

"一脚油门，一脚牢门！"说得多生动形象！

抱着这样的心态去开车，哪能不小心谨慎，又怎么会有事故。

在职场中也一样，如果没有这样的安全意识，只追求眼前利益，结果很可能就是"一脚油门，一脚牢门"。

2006年，华为收购了穷途末路的港湾，条件是让李一男重回华为。

回到华为的李一男，担任的只是虚职。后来，李一男再次离开华为，之后又加盟过百度、移动……但因为各种原因，最终都黯然离开。

2014年，已经45岁的李一男再次创业，创办了北京牛电科技有限公司，打算用最好的材料和技术推出一款中国最牛的电动车。

然而，就在小牛电动车发布两天后，李一男被抓，罪名是内幕交易，与家人获利共计700万元。最终，李一男获刑两年零六个月。

一个科技天才，曾经被任正非当成"接班人"来培养，有着无限前途的人，先因为不守信用、违反规则而让自己落入困境，再没有充分施展和发挥才能的空间，后来又因为挑战法律，最终身陷囹圄。这样的悲剧，不由得让人叹息。

（三）守住了"戒律"，实际是保护了自己

如果李一男一开始就懂得遵守"戒律"，就不至于落入危险的境地。其实，守住"戒律"，就是保护自己。

正如新版《西游记》中唐僧对猪八戒讲的一番话：

"八戒，你为什么不守戒律呢？要知道戒律固然是制约了你，但也是保护了你啊。"

在格力，有个严格的规定：

员工如果在园区内不遵守交通规则，如本该走人行道，却走到车行道，一旦发现就会被开除。

对此，许多人都觉得过于严厉，但格力的董事长董明珠却说：

"这个规定的目的固然是严肃厂区的纪律,但也是保护了员工。"

规章制度之所以可以保护我们,是因为它让我们在面临各种诱惑的时候,懂得不去触碰"高压线",为我们树立起一道安全屏障。

三、要想不误事,避免"想当然"

要想管理好风险,很重要的一点是避免"想当然"。

"想当然"可能是我们在工作中最容易犯的毛病之一:

"我以为没事""我以为他(她)就是这么想的""我以为他(她)已经做了"……

然而,一有"想当然",往往就会误事、产生麻烦。所以,每当有"我以为"的念头出现时,不妨再确认一下:"真的是这样吗?""他(她)是不是也这么想?""他(她)的确做了吗?"……

我们单位有位中层干部,曾与大家分享了她一次刻骨铭心的教训:

当时,她刚刚大学毕业,在某省工商研究所工作。一次,所里要举行一个研讨会,领导把邀请专家、学者的任务交给了她。因为时间很紧,接到任务后,她立即开始联系。因为那时还没有手机,联系起来并不方便,找一个人往往要费很多周折。那两天,她忙得连吃饭的时间都没有。

好在一切都还顺利，到最后，就剩一位专家没联系上。她想，这么多专家、学者都能来，少一个也没什么影响。

因为有这种心理，她也就没把这件事情放在心上。

第二天，她一早就来到了会场，领导一早也来了，让她意想不到的是，领导见到她的第一句话竟然是：

"某专家快到了吧？我要安排他第一个发言。"

她脑袋"嗡"的一下就大了，心想怎么这么巧，领导偏偏问的是我没联系到的专家呢？于是连忙解释说：

"我没有联系上他，我以为请了那么多专家，少了他一个也没什么关系，所以就没有向您汇报……"

领导一听马上变了脸色，毫不留情地将她训斥了一通："你以为，你知不知道，这位专家是这个领域的权威，没有他的出席，研讨会的分量就大打折扣！你要是早点告诉我，我还可以想想其他办法，现在，你说怎么办？"

她低着头，脸上一阵发烧，心里很不是滋味，真想多说几遍："我错了，我真的错了。"可事已至此，有什么用呢。

这次研讨会请了不少媒体参加，虽然按照原计划举行了，可是效果却大打折扣。事后领导为这件事又狠狠批评了她一顿。

从严格意义上说，出现这样的问题，作为领导也有责任，第一，哪位嘉宾最重要，他可以事先跟下级强调一下，这样下级就能够心中有数。第二，不要等到最后才问，提前了解一下情况，事情可能就不会那么被动，连一点回旋的余地都没有。

但回想起来，当时领导没有这样做，可能也有他的原因：一是他那几天特别忙，没时间顾得上；二是当时这位员工工作很努力，一直给领导的印象是"事情交给他，就可以放心"。

这样一来，领导犯了"我以为"的错误，下级也犯了"我认为"的错误，结果问题就出现了。

要想不误事，千万不要"想当然"，一定要确认真实的情况是怎么样。

其实，不仅是这位员工，很多刚入职场甚至工作了很多年的人，也会犯和她一样的错误：不是依据客观事实做事情，而是根据自己的主观想法来做判断，结果导致了问题的出现。

那么，到底怎么样才能有效避免"想当然"呢？

（一）不要先入为主

也就是在没有弄清楚真实情况之前，不要轻易以自己的感受、标准来对事情下结论、做判断。

在上面的案例中，这位中层凭着自己的感觉和经验，以为少请一个专家没事。但问题是，她既没事前了解过这位专家的背景，同时也没问过领导请这位专家的用意何在，她凭什么就做出这个专家不重要、来不来都无所谓的判断？

这种模糊的先入为主，往往就会导致问题的出现。

因此，做任何事情，都要有这样一种意识：我这么想不等于领导也这么想，我这么认为不等于别人也这么认为。只有在经过核实之后，才能做出正确的结论和判断。工作中没有所谓的"我以为"，只有事实是怎么样。

（二）拿不准的事一定要确认

在上面的案例中，对于这个专家是不是重要，他的参加与否对研讨会有没有影响，情况其实都是不明确、拿不准的，那么在这个时候，确认就显得非常重要。

但在工作中，为什么很多人在"拿不准"的时候却不愿意问呢？原因无非是三种，一是怕问了会让领导觉得自己工作能力不强，宁可自己闷头想；二是怕别人不告诉自己，问了丢面子；三是存在侥幸心理，觉得自己即使不问也不会出什么事。

其实这样的心态是很糟糕的，不明白、拿不准的时候就应该立即询问，这才是对自己负责也对工作负责的态度，否则一旦出了问题，想去弥补往往已经来不及了。

（三）出现变化要及时汇报

这一点对于避免"想当然"至关重要。

我们常说"计划没有变化快"，在执行一项任务的时候，往往会遇到很多计划之外的变化。

就像前面的案例里，本该邀请的专家却没有联系上，这就是计划之外的变化。如果那位中层当时能及时汇报,那么领导完全有时间想办法做调整,不至于给结果带来太大的影响。

但很多人对于出现的变化,往往不愿意汇报,或者说根本没有及时汇报的意识。因为在他们看来,以自己的能力,完全可以灵活应变,或者他们觉得这些变化根本就无关紧要,不值得特意汇报。

但换一个角度,我们认为不重要的,领导(同事、客户、合作伙伴)也认为不重要吗?我们认为自己可以灵活应对,别人也这么认为吗?或许我们擅自改变和去做的,恰恰是别人不希望和不需要的。

(四)牢记三个"再三"原则

这三个"再三"原则,能够让我们很好地避免"想当然"。

1. 再三地检查永不过分。

这一点很好理解,尤其是对于重要的细节和环节,即使觉得没问题了,也不妨再检查一遍。

2. 再三地核对永不过分。

比如对于重要的数字和名字、关键的条款、正确的提法等,一定要认真核对,以保证准确无误。

3. 再三地确认永不过分。

这一点在工作中和不同的人、部门等有交叉的时候尤其重要。

我们不妨先对照一下，自己是否经常有以下类似的想法：

"既然别人答应了，肯定就会做到""以前都这样，这次肯定也没问题""他（她）肯定就是这个意思""一切都会按原计划走"……

但事实往往不是这样。所以，我们需做的是：不轻易迷信承诺，即使别人答应了，也要一再确认，跟踪进度，以确保别人按时、按质做了；即使过去的经验不错，也要再确认一下，这些经验对于现在是否还适用，有没有需要改进的地方；自己的猜测和判断未必是对的，还要问问别人的真实想法是什么；既要考虑计划，也要考虑变化，对于可能出现的变化，提前想到应对的方法。

总结起来，重点在于把握：重要的事情，一定要确认；有歧义、容易产生误解的地方，一定要确认；和常识、以往经验不符的地方，一定要确认。

第三单元

从不会自我管理到成为自我管理高手

第十一章　通过调整心态学会自我管理

第十二章　通过改善方法学会自我管理

第十三章　通过养成习惯学会自我管理

第十一章

通过调整心态学会自我管理

一、这世界不在乎你的自尊,它期望你在自我感觉良好之前有所成就

二、心不难,事就不难

三、少说"没意思",多说"没关系"

"要管好事情,先管好心情"。管理好心态,是自我管理中不可缺少的重要部分。

无论做事的态度还是方法,归根到底都是心态问题。有了正确的心态,自然就会积极地面对工作,没方法也会主动找方法,有困难也会懂得迎难而上。

一、这世界不在乎你的自尊,它期望你在自我感觉良好之前有所成就

期望得到认可,这是人最重要的心理需求之一。进入单位,谁都希望得到认可,获得机会。

但对于很多刚刚才开始工作的新员工来说,因为经验缺乏、能力不足等原因,往往会感到失落,要么怨天尤人,要么消极怠工,甚至一走了之。

其实,从最初的不被认可、不被重视,到后来通过自己的努力逐渐被认同和肯定,是大多数人在职场中必须经历的过程。越能够用好的心态接受这个过程,越能够缩短我们在职场中的适应期。

比尔·盖茨在给大学和中学毕业生写的"十一条人生格言"中,有这样十分重要的一条:

"这世界并不会在意你的自尊。这世界指望你在自我感觉良好

第十一章　通过调整心态学会自我管理

之前先要有所成就。"

这其实是在告诉我们，不要害怕否定，也不要太在乎所谓的"面子"，真正的"面子"和自尊，只有通过自己的能力和成就才能获得。

（一）提防"捍卫了面子，断送了前程"

对于很多刚进入职场的员工来说，最糟糕的心态之一，莫过于总是期望得到与自己能力和价值不相匹配的重视程度，同时听不得一点否定，否则就会觉得自己的自尊心和虚荣心受到了极大的打击。

如果不敢正视现实和"否定"，承认自己的不足，并以此为契机提升和锻炼自己，那么就不可能有成长，更不要说有什么发展的机会。

曾经有一位小伙子向我咨询，诉说自己工作上的不如意。经过了解，我明白了他的问题所在。他毕业于一所普通的学校，但自视甚高，一般的工作看不上，觉得做那样的工作"丢人"。他就这样高不成低不就，一直找不到合适的工作。越是这样，自信心越受打击。

在职场中，与这位小伙子有类似心理的人并不在少数。自己只有"蓝领"的能力，却要求"金领"的工作和待遇，以这样的心态去工作，怎么可能不四处碰壁，哪里会有什么前程。

我们不妨看看那些成功人士，他们在最初的阶段，是怎么面对所谓的"面子"和自尊的。

香港著名演员和导演周星驰，刚出道的时候，演的都是龙套角色。在很多人熟悉的 1983 年版《射雕英雄传》中，周星驰扮演宋兵乙，那是一个没有任何台词，仅仅一露面就被"梅超风"一掌"打死"的角色。

为了给自己增添点戏份，他提出能不能让"梅超风"用两掌把他"打死"，结果遭到了毫不留情的拒绝：只能一掌被"打死"。

后来，当他第一次当着导演的面谈演技的时候，所有人都哄堂大笑，都觉得他不自量力。

如今，周星驰在演艺界的成就有目共睹，他不仅主演了很多经典角色，还获得了金像奖"最佳导演奖"。当年那个希望"两掌才被打死"的小角色，如今再没有人会忽视他的才能和地位。

类似的案例还有很多。很多人都看过马云当年的一段视频，视频中记录了 1996 年的时候，这个又矮又瘦的年轻人，如何骑着自行车挨家挨户推销自己的黄页。

大部分人看到这个推销的年轻人，连门都不愿意打开。但镜头在记录下他的困窘的同时，也记录下了他的誓言：再过几年，北京就不会这么对我，再过几年你们都会知道我是干什么的。

他的确做到了！

周星驰和马云用自己的行动告诉我们，什么才是真正的自尊。

大多数的成功人士，起点和我们并没有什么不同，有的甚至还不如我们。但他们和一般人最大的不同是，不会让自己陷入虚无缥缈的所谓"自尊"里，因为他们懂得，要想获得尊重，就必须提升自己的价值，除此之外没有别的途径。

（二）生气不如争气

当我们自身能力不够、价值不高的时候，不被重视是理所当然的。这时候该怎么办？

生气？低落？一走了之？觉得生活不公平？

这些都没有意义，丝毫改变不了什么，真正有价值的做法只有一个：

生气不如争气！

曾经有一位年轻人到当地一家最有名的装修设计公司应聘，老板一听他刚毕业，什么经验都没有，头都没抬就请他走人。

但他并没有像其他应聘者一样，心情沮丧地回家去，而是软磨硬泡，说自己既懂电脑又懂建筑。老板最终被他打动了，答应让他试试。

谁知没两天，老板就怒气冲冲地让他走人。原来老板发现，他其实对电脑只懂些皮毛，和公司的需要相差太远。

换了别人，老板三番五次下"逐客令"，面子上挂不住早就离开了，可他偏不，打算"就是赖这儿不走了。"

老板没办法，于是开了个苛刻的条件：让他每天打扫公司的卫生间，包括刷马桶。

他二话没说就答应了。

自那以后，他每天从早忙到晚，甚至连女厕所的卫生巾都要收集清理掉。中午还要利用吃饭的时间看别人操作电脑，晚上别人都睡了，他还在看各种专业书籍。

辛苦不说，被人看不起更是家常便饭。一位女同事甚至当众说让他离自己远一点，因为受不了他身上那股垃圾的馊味。

年轻人心中的难过可想而知，为此他跑到大厦没人的楼道里大哭了一场。

但哭完之后，该做什么还是做什么。等到电脑学得差不多了，他又觉得自己的专业知识不够，于是想到总工程师那里去"偷艺"。

刚开始时，总工对他的态度很冷淡，甚至会嫌弃地问他："你刷完马桶洗手没有啊？"

但年轻人还是一点都不生气，而是想尽各种办法和总工拉近关系。终于有一天，被感动了的总工答应让他坐到自己身边。

他的勤奋好学最终打动了老板，与此同时，他的能力也得到了很大提升，后来，他被公司提升为设计师，之后又一步步做到了设计总管、艺术总监。

两年后，他带着积攒下来的50万元开了一家属于自己的装饰公司，并且做得非常成功。

这位年轻人就是深圳市装修装饰行业的传奇人物，"家天下"装饰设计有限公司创始人——韦文军。

同样的经历，换做其他人，或许就是另一种结局：觉得屈辱，宁可不做，也不会继续在那家公司待下去。

但韦文军之所以没这么做，是因为他明白，没有能力就是没有能力，要让人看得起，生气没有用，唯有争气才行。

对于这段往事，韦文军说了这样一句话：

"能耐就是能够忍耐！"

忍耐的目的，是为了让自己不断学习和提升，最终有一天证明"我能行"，这就是对"生气不如争气"的最好阐释。

二、心不难，事就不难

很多时候，我们之所以觉得事情很难，并不是因为事情本身难度有多大，而是我们还没有开始做，就先被心中"难"的念头给吓住了。这样一来，要么做事之前得浪费大量时间去纠结和犹豫，要么就是彻底失去了的行动的勇气和动力。

其实，心不难，事就不难。每当我们超越一次"畏难"的情绪，内心就会变得更加强大和自信，也会更加有面对问题和困难的勇气。

（一）勇于尝试，对没有试过的事情拒绝说"不可能"

"万一失败了怎么办！""没有十拿九稳的把握，还是不要做为好！""如果被拒绝了多丢人！"……

这些都是典型的害怕尝试的表现。尝试不是让我们去冒险，更不是让我们去做违反规定的事情，而是以开放的心态接受新的事物和方法，让自己变得更好。

前不久，我收到了一封邮件，是一个还没有毕业的中国留学生发来的，内容是她在花旗银行实习第一周的记录和收获：

这周在花旗因为一些技术问题，我们部门的共享硬盘一直没有装到我的电脑上，所以给我安排的任务一直没办法开始。在连续看了几天文件资料后，我主动要求观摩一位高管的日常工作。本来只是想把文件资料看"活"，结果没想到我的负责人很爽快地同意了，而且让我自己选高管。我选了一位貌似最年长的"白人老男人"，当了他一天的"影子"。这位叫做 Dwight 的高管原是摩根大通投行风险部管银行类客户的，到花旗来管同样的部门。本来以为只是会看着他做各种事情，没想到看似寡言的他非常热心地向我解释每一项工作，还颇有闲情逸致地跟我聊了好久的天，连他儿子的照片都翻出来给我看。于是就这样多了一位老师。

花旗给风险部的实习生们安排了三堂金融衍生品的课，下午一点的课，大家听得或心不在焉或茫然不知所云，最后一堂课后，我又是一头雾水，但只是觉得那些既有技术性又与交易息息相关的知识很酷，而且不能白白浪费了这个机会，于是就上去与老师搭讪，没想到他十分热心，问起了我们的情况，还给了我联系方式，说愿意随时回答任何问题。于是，我决定好好复习他的课，

第十一章 通过调整心态学会自我管理

然后再找他聊聊,说不定可以联系到销售与交易的工作机会。

这两件事让我突然想明白了,大多数长辈都是非常愿意指导我们这些新人的,而他们提供的教育机会往往因为年轻人的心不在焉或是胆怯不敢接触而错过。茫然的我最需要的就是与这样经历丰富的长辈交流,所以更应该以100%的努力,去尝试请教也许60%愿意帮助我的长辈。

因为,尝试才有机会。在没有试过以前,你怎么知道自己不行。

写这份总结的人,是我的干女儿陶湄。陶湄的妈妈是我前同事,从小就鼓励孩子自强自立。陶湄除了成绩很好,各方面表现都很出色。

因为勇于尝试,当时还在实习阶段的她,就能够得到资深前辈的指点,这对于一个职场新人的成长是非常有价值和帮助的。其实就像她所总结的那样,大多数长辈是愿意指导新人的,关键在于自己敢不敢开口、能不能够突破心理上的障碍。

正因为有这种积极进取、主动尝试的精神,陶湄实习期的表现越来越出色。在毕业后她顺利进入花旗银行,后来又调到世界银行。前不久又被全世界最有名的哈佛商学院录取为MBA学员。

每当我们因为"怕"和"不敢"想要退缩的时候,不妨告诉自己:尝试了不一定成功,但不尝试一定不会成功。

在没有尝试之前,不要先打击自己,更不要给自己"肯定不行"的心理暗示。只管去做,大不了回到原点,自己并不会因此失去什么。

（二）懂得自信心的真正内涵

"心不难"，是让我们有自信去解决遇到的难题、面临的困难。但这份自信，并不是盲目的自信。

一般人对自信心的理解，是"我行，我行，我一定行"，这最多只能算一种积极的心理暗示。对于自信心更科学的理解应该是：

"别人行，我付出同样的努力就也行！别人行，我付出更多的努力就更行！"

IBM 大中华地区前董事长及首席执行总裁周伟焜刚加入 IBM 时，只是数据中心服务部门的一个普通程序培训生。但仅仅用了三年，他就做到了经理的职位，负责五六个技术方面的部门。

对于自己的"升迁秘籍"，周伟焜曾经这样说道：

"凡事都是 120%地投入。"

当时身为程序培训生的他要给自己写的程序做测试，由于公司的机器白天都在占用，只有晚上才有充裕的时间，于是他几乎每天都加班，经常工作到凌晨两三点。

他的努力没有白费，不仅业绩突出，也成为众多同事中迅速脱颖而出的一个。

起点低、职位不高、能力暂时不如别人，这些都没有关系，关键在于愿意付出与比自己优秀的人同样多甚至更多的努力。

做任何事，心态上可以"不难"，但在具体的行动中却不能忽视"难"。只有不放过每一个细节和环节中的"难"，并拿出具体的对策和方案，才能拥有将事情真正做好的自信。

"战略上轻视，战术上重视"，两者结合，才能达到最好的效果。

三、少说"没意思"，多说"没关系"

"没意思"与"没关系"，是常见的两种口头禅。

"没意思"是一种十分消极的心态：觉得什么都没有价值、不值得追求、不需要解决。有这样的心态，就不可能真正去面对和解决问题。在工作中这是一句既让人讨厌、又葬送自己发展的口头禅！

而"没关系"则正好相反，它代表着积极向上：面对需要解决的问题，既不放大，也不躲避，只是想办法去解决。

要管理好自己的心态，在工作中就要尽量少说"没意思"，多说"没关系"。

（一）重视"运随心转"的规律

很多时候，我们之所以觉得处处不顺，是因为心态没有进行调整。心态往好的、积极的方面一转，运气往往也会跟着转变，也就是我们常说的"运随心转"。

前不久,我回到了毕业后的第一个工作单位《湖南日报》,当年和我同时毕业分配到报社的老同事陶小爱问我:

"你还记得你刚毕业时的口头禅是什么吗?"

我问她是什么。

她回答说:

"没意思!"

接着她又问:

"你知道你现在的口头禅是什么?"

还没等我回答,她就替我说出来了:

"是'没关系'!——不管事情有多难,你总是说'没关系!',而事情最终也总有办法解决。"

她接着说:

"尽管只是两个字的差别,却代表完全不同的两种心态,人生的状态和境遇也因此完全不同。不知道你是否还记得,当你整天把'没意思'挂在嘴边时,也是你工作和人生最糟糕的时候,单位差点就不要你了。但后来当你开始说'没关系'的时候,不仅做出了出色的成绩,还成了处处受欢迎的人。"

她说得一点没错。当年我刚参加工作时,因为毕业于名牌大学,加上在大学期间又发表过作品并获过奖,所以自视很高。进入报社后,一直眼高手低,看什么都不顺眼,经常抱怨说"没意思",结果在第一个阶段就栽了跟斗,成了单位最不受欢迎也最没有发展的人。

后来，通过事实的教育，我明白了一个道理：

要想得到承认，就必须改变自己，成为对单位有用的人。

心态一调整，工作状态自然就得到了调整。两年以后，我因为出色的报道被省政府记功，报社还为我开了庆功表彰大会。从那之后，我学会了不再抱怨和挑剔，不管遇到什么，都先说一声"没关系"，然后积极面对和解决，职业发展也因此越来越顺利。

我的这段经历，其实就是典型的"运随心转"的体现：

有积极的心态，就有光明的命运；有消极的心态，就有灰暗的命运。当我们将心态从消极转为积极，就会发现，自己越来越能成为命运的主宰！

（二）要想"有意思"，就得"没问题"

《士兵突击》里的许三多有句名言：

"不要对没做过的东西说没有意思！"

对很多年轻人而言，这句话有当头棒喝的效果。世界很广阔，值得我们去尝试、追求的东西很多。如果仅仅满足于过去那种简单的兴趣和封闭的个性，必然会经常说"没意思"。

但是如果你愿意拥抱更广阔的生活，愿意为此而奋斗，就能从人生字典中删除"没意思"三个字。

而要想"有意思"，就要成为一个勇于面对和解决问题的人。

因为人生最大的价值，都要通过解决问题的能力得到体现。而当我们能在不断解决问题的过程中体验到成长和突破时，不管做什么，我们都能够以快乐的心情去面对，让事情变得真正"有意思"起来。

（三）越说"没关系"，心灵越自由，机会越多

当我们开始说"没关系"的时候，其实也是对自己有了更高的要求和自信。

"没关系"不仅让我们的内心变得自由和强大，也让我们能够不计较、愿意付出更多。

上海 R 氏集团的优秀主管钟剑兰女士，曾经应邀来和我们的员工进行交流。她讲了自己的一段亲身经历：

一次，有个外国集团要和她的公司合作。为了洽谈合作事宜，春节期间双方一共十几人到了海南。

当时正是海南旅游高峰期，房源紧张。为了洽谈方便，十几个人需要住在同一家酒店。

当时五星级酒店已经订不上了，公司只好选择了一家四星级酒店。

外国客户中有一对夫妻却坚持只住五星级酒店，否则不住。

她和同事晓之以理、动之以情，但客户就是不答应。她本想跟领导汇报，但当时已经很晚了。于是她决定自己想办法解决。

第十一章 通过调整心态学会自我管理

她一边安排这对夫妻在咖啡厅喝咖啡，一边开始打电话四处联系。最终在一家五星级酒店找到了一个空房间。但酒店提出因为是临时调配房间，需要多交一定的费用。钟女士毫不犹豫答应下来，并自己出钱支付了多出部分的费用。

结果，这对夫妇很满意，之后的项目也进行得很顺利。

后来，公司领导了解了事情的经过，肯定了她的做法，并有意识地给了她更多的发展机会。

这虽然只是一件小事，但体现出只要对单位有利就不计较个人付出的心态。有这样的心态，自然更容易成功和获得发展机会。

第十二章

通过改善方法学会自我管理

一、自我管理最重要的三句话
二、掌握"高效工作四法"
三、总有更多的方法，总有更好的方法

同样的问题,解决方法不同,效果就会大不一样。好的方法,往往能够事半功倍。

自我管理也一样,运用好的方法,就能够让自我管理变得更加简便、高效且容易操作。

我们要重视方法的价值,并掌握改善方法以提高自我管理的能力。

一、自我管理最重要的三句话

前文提到:由于感觉自我管理非常有价值,本书作者之一的吴甘霖,也让自己的儿子吴牧天进行实践。后来,吴牧天感觉收获非常大,而且还自己摸索和借鉴了许多行之有效的自我管理方法。

"自我管理最重要的三句话?就记录在他的畅销书《管好自己就能飞》中。这是他在美国学习期间总结的有效自主管理方法。

这三句话分别是:

1."我的目标是什么"(明确管理的目标)?

2."我现在在做什么"(明确当下自己的状态)?

3."我现在做的事情对我的目标有没有帮助?"(根据当下状态与目标的关系做合理的调整)

这三句话对于自我管理都很重要。第一句话"我的目标是什么",就是要明确自我管理的目标。

第十二章　通过改善方法学会自我管理

正如前文指出的：成功学的第一法则，是将梦想变为目标，只有具体化、并有时间限制的目标，才是真正明确的目标。

后面的两句，其实是要将精力集中在和目标相关的事情上：

"我现在在做什么"：就是要时刻明确自己当下的状态。

"我现在做的事情对我的目标有没有帮助"：就要根据当下的状态和目标的关系做合理的安排或调整。

不要小看这三句话。它实际上是让你通过聚焦于目标的方式，实现德鲁克提出"卓有成效的管理"的重要手段。

在这三条中，最关键的是第三条。它包括三个方面：

（一）如果当下的状态符合目标的要求，就要不受任何影响地坚持

现实中，很多人其实对自己的人生也有规划和想法，但往往走着走着就把自己的目标给丢掉了，要么随波逐流，要么走一步看一步。

而能够有所成就的人却正好相反，他们一旦定下了目标，不管遇到什么，都不会随便动摇，而是会一直坚持下去，直到目标实现。

世界知名刑事鉴识专家、有"当代福尔摩斯"之称的李昌钰博士，曾经讲过自己的一段经历。

他在上大学的时候一直半工半读，白天在实验室工作，晚上

上课。当时实验室里有两位同事，一位白人，一位黑人。

他们看到李昌钰这么辛苦，连周末都没时间休息，就劝他不要这么拼命，不如像他们一样，下班后去酒吧喝喝酒，周末看看球赛，趁着年轻好好享受。

但李昌钰却用《长歌行》中的一句诗回答了他们："少壮不努力，老大徒伤悲。"

李昌钰说：

"后来，我拿到学士学位、硕士学位与博士学位，他们依然在实验室清洗仪器；十年后，我担任教授，他们仍在实验室清洗仪器；二十年后，我侦办了许多案件，担任系主任及康涅狄格州刑事化验室主任，他们两位仍在原来的实验室清洗仪器。"

多年后，李昌钰接到了那位白人老同事的电话，他已经六十多岁了。直到那时，他才醒悟到当初李昌钰的话多么有道理，可惜他年纪大了，这时候再想努力为时已晚。

他后悔地说：

"早知道这样，当年就该像你一样少看几场球赛，少喝几瓶啤酒，多念点书。"

"早知道"，这不仅是那位白人先生的感慨，也是很多人共同的感慨。"早知道会这样，当初我就……"，可惜人生没有"早知道"。

要想不后悔的唯一办法，就是自始至终都盯紧目标。不管是人生的大目标还是工作中的小目标，一旦有偏离，就立刻提醒自己，果断地回到实现目标的轨道上去。

(二) 如果为了实现目标需要更好的方法，那么就想办法找到这一方法

有时候在实现目标的过程中，往往会发现现有的方法还不够，这时候，就要想办法找到更好、更合适的方法，以促进目标的尽快实现。

特级航天员、"中国进入太空的第一人"杨利伟曾经谈到过他在接受相关训练时的一段经历。

当时，给他们那批航天员开设的课程有 13 个类别、52 门，包括天文、地理以及航天专业知识等。那时杨利伟已经 32 岁，在部队的时候已经是教员，这时候反过来要坐到教室里上课，刚开始也坐不住。

这样的适应过程并不容易，但杨利伟都克服了。在最后的五次考试中，倒数第五次的时候，他是以 99.5 分通过的，倒数第四次以 99.7 分通过，最后三次，他都是以满分通过的。

他说，能考出这样的成绩，其实并非偶然。

那时候的训练是跟着工程来推进的。工程发展到哪一个阶段，他们就学习到哪个阶段。其中有模拟器的训练，也就是在地面建一个模拟的、和上天的飞船一模一样的返回舱。

由于进舱的机会特别少，为此，他特意花了几个月的工资，买了一台摄像机，将返回舱里所有的场景都拍摄下来。

之后,他在电脑里编了一个小片子,每天对着电脑练习。最后练到只要一闭上眼睛,飞船里所有的设备在哪个位置、有什么功能,甚至频繁使用的一些开关按钮在摩擦之后颜色的变化,都会在脑海中清晰地展现。

对此,杨利伟这样说道:"真正理解了你所从事的工作,以及它的意义所在,你就会为此想尽一切办法,为之而奋斗!"

进入太空之后,他带了一台数码摄像机上去,想尽可能多地将工作场景拍摄下来,以便和其他战友一起分享,更好地去完成下一次任务。但因为是一个人去执行任务,他试了很多办法都没法进行拍摄。最后,他在工具包里找到了一段胶带,将摄像机固定在了仪表板上,拍摄下了很多珍贵的资料。

无论是对着电脑练习,还是想办法拍摄在太空中工作的场景,都是通过更好的手段去配合当下的状态和需求,以更好地完成目标。

其实,这样的做法,就是为了顺利完成目标去主动想出有效的方法。

在工作中,只要我们围绕目标去不断想方法,我们不但会更好地完成当下的目标,而且会越来越睿智,越来越高效。

(三)如果当下状态不符合实现目标的要求,那么就要迅速减弱或删除不好的念头和行为

人的精力是有限的,即使再能干,也不可能同时将所有的事

情都做好。分散精力的结果,是不仅丢了主目标,而且所有的事情都做不好。

要想专注于目标,就要砍掉一切和目标无关的东西。在工作中也一样,一旦开始做某件事情,就要切断一切干扰源,比如手机、游戏、网络、无关紧要的社交等,直到工作完成。

二、掌握"高效工作四法"

经常有学员问我们:

"老师,到底怎么做才能提高工作效率呢?要找到高效工作的方法是不是特别难?"

一谈到要找出高效工作的方法,可能很多人都有会和那些学员一样的困惑,觉得一定很难、很高深。

其实不是的,好的方法通常都很简单,以下总结出的"高效工作四法",可以最大限度地帮助我们提高效率。

(一)第一次做的事,想好再做

这一条针对的是做事浮躁的现象,有很多人,特别是职场新人,都容易犯一个毛病,就是还没想好就开始做事。

我在讲课的时候常常会用到幻灯片作为辅助,这样可以更生动,也有助于学员对一些问题的理解和记忆。

我让助理帮忙制作这些幻灯片,她很想把幻灯片做得又美观又大方,在挑选图片、调整颜色、设计字体等方面都想精益求精。在制作过程中,她不时有新的想法跳出来,于是就推翻原来的方案,可是做着做着,又觉得原来的方案中还有可取的地方,然后又重新设计。

就这样忙了好久也没有做完。

其实,如果她能在着手制作之前,就先把设计方案考虑周全,决定好用什么样的颜色、字体、布局,就不用在做的时候花那么长时间了。

CWL出版公司总裁约翰·伍兹就说过:

"一个好的计划为行动指明了方向,但有时候不只如此,它还能够帮助你理解到底发生了什么。"

如果没有计划,盲目而冲动地去做事,只能是走一步看一步,下一步是踩到坎儿上还是迈进沟里也就不清楚了。

(二)再次做的事,固化与优化后再做

"上次明明做得不错,怎么这一次就不行了?"

"过去都没事,这次怎么会失败呢?"

很多人都会有这样的疑问,同样的工作,以前一做就成功了,可这次却怎么也做不到位,问题出在哪里呢?

还是我刚才说的做幻灯片的例子,那位助理把第一次做好的

幻灯片模板保存下来，又对其中不够完善的地方进行了修改。

在下次做其他课程的幻灯片时，她就直接拿模板过来做，效果很不错，而且没用多长时间就完成了。

我很高兴她能找到合适的工作方法，如果我们在工作中都能像她一样，把自己上一次做得不错的工作进行总结，把经验和优势做"固化与优化"，形成好的标准和流程，那么做事就有了章法，也就有了效率。

（三）拿不准的事，问好再做

一件事情明明拿不准，为什么不问好了再做呢？

是怕麻烦领导？工作没做好会让领导更麻烦。

是怕领导觉得自己能力不够？请教不会让人看不起你，工作不到位才会让领导怀疑你的工作能力。

是觉得差不多就可以了？前文我们说过，要想不误事，避免"想当然"，思想一有差不多，结果必然差很多。

以前我在某集团工作的时候，认识了一位很优秀也很年轻的行政主管。她告诉我，在刚开始做行政助理的时候，她经常挨批评。

一开始的时候是因为她做事总是不爱问领导，明明拿不准的事还硬着头皮做，结果常常做错事。

后来，她向一位关系要好的前辈请教，前辈说：

"遇到自己拿不准的事时，不要凭自己的想法和感觉去做，否则就有可能误会了领导的意思，做了无用功。不是有句老话嘛，叫勤请示、常汇报、少犯错误。话是挺老的，可道理不老啊。"

前辈说得有道理。她从此改变了自己的做事方法，每当遇到拿不准的事情一定会去向领导问清楚。这样做果然降低了出错的概率，很多工作都因此办得很到位，领导很满意。

她还把这种方法运用在横向沟通中，在与同事或其他部门进行协作的时候，她一定会把每个细节都研究清楚，有拿不定主意的地方就问。

虽然有时候也有些人会觉得这样做有点烦，但她都会解释说："如果我没弄明白就去做了，那就有可能因为我理解得不对，做得不到位，而给大家带来更多的麻烦。所以，不如在一开始就问清楚。"

同事听了都觉得她说得有道理，大家也渐渐就都习惯了问清楚才去做。这样一来工作效率果然提高了不少。

拿不准的事必须要问清楚了才能做，否则就可能让工作低效。但是这种问不是要偷懒耍滑，自己不动脑让领导去想。而是要先自己多想几个解决办法，然后再让领导给出参考意见，看哪里需要做调整。

这样做可以确保正确领会领导意图，不至于因为拿不准就想当然，让工作做不到位。

第十二章　通过改善方法学会自我管理

（四）多方面同时安排的事情，充分协调沟通再做

曾听一位朋友讲过他们公司发生的一件事：

有一次他安排给下属小齐一个任务，要求是一个星期后把材料交上来，可是一星期过去了，小齐那边却迟迟没有消息。

他把小齐找来询问，小齐理直气壮地说："王主管让我给另外一个工程做预算，你们都是我的上级，我也不知道该听谁的。不过，我想王主管是我的直属上司，我还是按他的吩咐去做比较好。"

他听了这话非常生气，第一个感觉就是那位王主管在故意跟自己较劲，否则怎么会知道自己交代了小齐任务后还让他去做别的事呢？

可是找来王主管一问，王主管也很不高兴：

"我哪知道有这回事啊，你又没跟我说过。我以为他这段时间没什么要紧的任务，所以才让他去做预算的。"

两个人都很火大，几乎吵了起来。

很巧的是，不久之后又发生了一件类似的事。

他给下属小赵布置了一项任务，小赵对他说：

"这个任务我能完成，不过时间上可能要调整一下。因为昨天王主管才交代我去做另一项工作，两件事在时间上有冲突，您看我应该怎样调整比较合适呢？"

他想了想，这两项工作其实都挺重要的，而且也确实都需要小赵来完成，于是就找来王主管一起商量。

最后决定，小赵先全力以赴完成王主管交代的工作，另一项工作先期有一些不太重要的项目就由别人来做，等小赵做完王主管交代的工作后再来接手。这样两项任务的进度都不会受影响。

小赵的处理方法显然比小齐要好很多，也可以给大家一些启示。

对于多方同时安排的事情，务必要进行充分的协调沟通，把一切可能产生的误会和影响工作到位的因素都扼杀在摇篮里。

不协调、不沟通是效率思维的大忌，如果能善于运用高效工作的四种方法，那么工作中就能少一些问题、多一些效率了。

三、总有更多的方法，总有更好的方法

吴甘霖曾写过一本名为《方法总比问题多》的书，其核心观点是：

"只为成功找方法，不为失败找借口。"

"只要思想不滑坡，方法总比问题多。"

这一观点得到了普遍的认同。不管做什么，也不管从事什么职业，都要有方法。我们在职场中成长的过程，就是从没方法到有方法，从有方法到有更多、更好方法的过程。

（一）问题只会有一个，方法却有千万个

我们有时候面对问题，之所以会有畏难情绪，是因为还停留

第十二章 通过改善方法学会自我管理

在惯性思维里：解决问题的方法总有一个。

其实，问题只会有一个，方法却有千万个！这条路行不通，换一种方法或许就能行。

这应该成为我们的核心工作理念之一。

我们来看一个发生在著名餐饮企业净雅集团的故事。

一天晚上，王女士带几位朋友来净雅就餐，并询问是否还有包间。结果订餐员说包间没有了，建议她们去零点厅用餐。

王女士一听，面露不悦，转身要走。

这时，正在餐厅巡察的张主管走过来，问明情况后，先让他们稍等，然后立即跟相关服务员沟通。得知有两个雅间的客人基本用餐完毕，半个小时内估计就可以结账。还有一个雅间虽已被预订，但客人半小时后才能赶到。张主管于是马上将王女士她们安排到被预订的雅间，那么就算原来预订的客人到了，也可以调换到那两桌已经结账的房间。整个处理过程，还不足五分钟。

王女士对此很满意。在进餐过程中，张主管又有意识地过来查看。当听到王女士的朋友对胶东的大饽饽赞不绝口后，张主管便悄悄准备了四个大饽饽和一些胶东的特色面食，安排服务员精心包装后，在客人结账即将离开时候，免费送给客人。这份小礼物让王女士和朋友们都感到既意外又温馨，觉得净雅的服务太好了。

几天后，王女士带着她老公又来光顾了该酒店。原来，她老公原是另一个高档酒店的大客户，后来成了净雅的忠实客户，先后在此消费了 30 万元人民币。

在这个故事中,张主管树立了善于回应他人要求,并格外善于通过想办法来解决问题的好典型,体现在:

第一,不是"走过场",而是真诚为客户想办法。

案例中第一位订餐员,就是"走过场"的典型:随便检查一下,发现没有空的雅间,就直接说没有。这种走过场的工作态度,在职场中实在太常见了。

后来张主管没有停留在表面,而是积极沟通,发现了两全其美的解决方案。

第二,对客人随意说到的喜好积极回应。

客人夸奖胶东的大饽饽好,但没有提出要买,也没有提出要送,如果可以免费提供给他们,不是成人之美吗?

第三,给客人惊喜,自己也会收获惊喜。

免费向客人送胶东的大饽饽和一些特色面食,这让客人们觉得惊喜。客人成为回头客,并带来了 30 万元的消费,相当于回过头来又给酒店带来了惊喜。

同样的事情,换成不同的人去处理,结果就完全不一样。问题并没有改变,思维方式一改变,解决的方法自然就出现了。

(二)总有更多、更好的方法

方法可以运用在工作的方方面面,大的问题、麻烦的问题需要方法，小的问题同样需要方法。方法的运用，可以让我们的工作变得有条不紊、便捷和高效。

总在思考有没有更多、更好的方法，是一个优秀员工必备的素养。尤其是当运用原来的方法给工作带来了不便和麻烦的时候，优秀的员工总会第一时间做出调整和改善。

那么怎样才能找到更多、更好的方法呢？关键在于在把握以下几点：

1. 要完成这件事情（这项任务）总共有几种方法。

2. 除了自己知道的方法，还可不可以向有经验的人请教他们觉得好的方法。

3. 所有的方法中，哪一种是最适合的方法。

问题并不是平面的，它是立体的、多方面的，所以，当你遇到问题，从一个角度想不出办法、觉得无从解决的时候，不妨换一个角度和方向，你会发现，总有更多的办法来解决问题。

长城饭店一向以为客人解决任何问题而著称，总是想方设法为入住的客人提供最便捷的服务。

有一次，一位外国客人住进了长城饭店。饭店的服务使他很满意，可是他提出的一个要求，却让饭店的客户服务部犯了难。

原来，这位外国客人想联系上我国时任总理朱镕基。

一个饭店怎么能够去联系一个国家总理呢？

好几天，所有的人都在想有什么可能性使朱总理肯接受一个饭店的约请，无论通过什么渠道，这件事几乎都是不可能做到的。

就在快要放弃的时候，他们突然想到：

为什么一定要想去如何约请总理呢？朱镕基先生还有其他的身份啊，他不还是清华大学经济管理学院的院长吗？

这个想法使大家雀跃不已。于是，他们打电话到清华大学，请朱镕基先生以清华大学经济管理学院院长的身份接受约请。

事情就这样成功了。

条条大路通罗马，当一条道路无法走通的时候，就去想其他的路，无论从哪个方向走，只要能到达目的地，能解决问题，就是好方法。

如果能养成每次做事之前都这样思考的习惯，那么你找方法的能力就会越来越强。

通过养成习惯学会自我管理

一、管理的要点是规范"聪明人"
二、问清楚,写下来,说明白
三、凡事有交代,件件有着落,事事有回音
四、让"无条件积极"成为习惯

"先是我们养成习惯,然后是习惯养成我们"。好的习惯,让我们能够更好地进行自我管理。在工作中养成这些简单而有效的习惯,其实并不难,但需要我们有意识地做,持之以恒地坚持下去。

一、管理的要点是规范"聪明人"

华为创始人任正非说:

管理的要点是规范"聪明人"。

这听上去有点让人费解,聪明难道不好吗?为什么要规范聪明人?难道企业喜欢笨的员工?

当然不是。

企业有自己的规章制度和工作流程。只有大家都严格遵守,才会有良好的秩序,否则企业不可能发展,个人也不可能有发展。

(一)聪明人更需要规范

聪明人之所以更需要被规范,原因不外乎两点。

原因之一,聪明人多喜欢自以为是,总觉得按规范和流程做事太麻烦和死板,不够灵活,有时候为了图省事就不按规定来。

比如,觉得彼此很熟悉了,以前的合作也没出过问题,所以这次合作就不按流程签合同,只是口头约定。结果偏偏就出了问题,这时候再想办法已经于事无补。

第十三章 通过养成习惯学会自我管理

原因之二，聪明人相信自己的能力，觉得不按规定做也没什么，凭自己的能力和经验可以应付一切突发事件。

中央电视台著名主持人欧阳夏丹就曾经犯过这样的错误。

欧阳夏丹主持过不少节目和典礼，其中有很多是直播，但有着丰富直播经验的她，也曾经因为忽视规范而出现过失误。

直播的时候主持人都要戴耳机，以便导播和主持人沟通，对一些突发情况做出调整。可耳机卡在耳朵里很不舒服，一次直播的时候，欧阳夏丹认为以自己的经验和准备不会出什么问题，所以就没戴。

可没想到的是，那次直播状况频出，一会儿播出的片子要换顺序，一会儿本来定好要用的片子又不能用了。

因为没戴耳机，导播没办法和欧阳夏丹沟通，导致错误不断。不是说完了导语后没有相应的画面，就是播出的画面跟导语对不上。结果整个节目，欧阳夏丹一直处在高度紧张的状态，完全在凭着机智和经验不停地圆场。

节目做完，欧阳夏丹觉得自己都要虚脱了。

这件事给了欧阳夏丹很大的教训，从那以后，她在工作中都严格遵守要求，再也没有出现过类似的情况。

流程和规范之所以重要，是因为它能够让事情处在可控的范围内，避免意外情况的发生。个人能力即使再强、经验再丰富，也不能置规范和流程不顾。聪明人所处的位置往往比较重要，承担的责任也比一般人大，因此更要懂得约束自己，否则一旦出了问题，可能就会造成严重的后果和损失。

（二）聪明人更要下笨功夫

聪明人因为觉得自己聪明，要么总想走捷径，要么沉不下心来下笨功夫去学习，认为自己就算不学也没有问题。实际上，聪明人更需要下笨功夫，因为通过聚焦和深入，能够让自己如虎添翼，以更好地发挥自己的才能，取得更大的成就。

很多人就是通过下"笨功夫"，让自己成为行业中的佼佼者的。

李瑞英是《新闻联播》的播音员。众所周知，《新闻联播》对播音员的要求非常高，哪怕读错一个字，造成的影响可能都是巨大的。

李瑞英在做节目的时候就遇到过这样的事情：

一次，只差1分钟就到19点整，但某个最新新闻的稿子还没有拿到手。直到距开播还剩30秒的时候，稿子才被递上来。还没来得及看，开场音乐就已经响起了。

大家都为她捏了一把汗，但她镇定自如，一字不差地念完了稿子。

事后，她也坦言，刚拿到稿子时也很担心，因为汉语中多音字的人名和地名有很多，如果直播时认错了字或者发错了音，就麻烦了。

的确，如果提前拿到稿件，遇到生僻字或者拿不准的发音，还有时间查字典、请教同行或专家，但临开播前 30 秒才拿到稿件，要想做到一字不错，就非得靠平时扎实的积累不可。

能做到这样，和李瑞英平时下的"笨功夫"有关：《新华字典》《汉语成语词典》的纸张都已经被她翻得发黄，每个字、每个词的解释她都能准确说出。

其实，不仅是李瑞英，很多著名播音员都一样，如新中国第一代著名播音大师夏青，几乎能把《新华字典》背下来。他曾经说过：

"一天不练自己知道，两天不练行家知道，三天不练听众知道。"

这也使得夏青从事播音工作四十余年，从未读错过一个字。

像夏青这样播音界大师级的人物，尚且每天都要坚持练习，都要不断地下"笨功夫"，又何况我们这些普通人，尤其是职场新人，哪里能够不更加努力呢。

（三）养成处处遵守规范习惯的三句话

"复杂的生活简单过，简单的事情重复做"。这句话应该成为所有聪明人的座右铭。

做事的时候，我们不妨经常问自己三个问题：

1. 我这么做是否符合规章和流程？
2. 如果不符合，是出于什么原因？
3. 我该做出哪些调整让自己的行为符合规章流程，使工作真正做到位？

我们切不可以觉得规范太单调、太简单，就不照章办事，更不可过于相信自己的大脑。头脑再聪明，能在内容丰富、运算迅速上超过计算机吗？计算机都会有错误，何况是我们的大脑呢。

二、问清楚，写下来，说明白

我们在工作中出现失误和不到位，往往是因为沟通出了问题：我所说的，别人没有领会，别人说的是这个意思，我却理解成了另外的意思。这样一来，执行很容易出现偏差，甚至出现完全相反的结果。

要避免这些情况，就要在工作中养成"问清楚，写下来，说明白"的习惯。

（一）问清楚，尤其是有疑问的时候

在职场中，我们经常会见到这样一类员工：明明对于要做的工作没有弄清楚，或者有疑问，但就是不愿意问，宁可自己闷头做。

一件事情拿不准，为什么不问清楚了再做？主要原因不外乎几点：怕麻烦，懒得问；怕别人觉得自己能力不行，连这点事都理解不了，不敢问；觉得差不多，没必要问。

但凭感觉做事，往往会误解别人的意思，做了无用功。所以，

第十三章 通过养成习惯学会自我管理

拿不准的时候,一定要问清楚。

有一次给某集团做中层培训的时候,一位行政主管就对"问清楚"特别有感触。

刚进入集团工作的时候,一次,同事急着去外地出差,让她负责订票,她想当然地给同事订了机票。后来她才知道,这位同事的习惯是只坐火车不坐飞机,因为之前负责订票的行政人员都知道他的这个习惯,所以这个同事以为她也会知道,因此没有特别交代。结果只能临时改行程,弄得大家都很被动,她也因此挨了批评。

这件事给她留下了深刻的印象,她这样说道:

"行政工作就是要为大家服好务,作为一个职场新人,我应该多问才是。假如我能事先问问前辈们工作中有没有需要特别注意的地方,有哪些同事的工作习惯和要求和别人不太一样,或者在订票的时候问同事一句'对交通工具的选择有没有要求',那么就不会出现这样的错误。"

的确,"问清楚"是为了让我们确认"别人准确的意思是什么"。只有在核实、弄清楚之后再行动,才能确保执行"不走样"。

要保证"问清楚",最简单有效的方法就是"复述"。

复述,就是接到任务后,有条理地将要点重复一遍,让对方知道你是否正确理解了他的意思,有没有遗漏和需要补充、纠正的地方。

复述可以最大限度地确保我们不会因为听错、记错、想错而白忙活。

通过一个简单的例子,我们来看看怎么正确"复述":

比如,领导让你去复印一份资料。

在领导交代完任务之后,你可以先复述:

"领导,我复述一下您刚才的要求:1. 复印20份;2. 用A4纸复印;3. 单面、黑白复印;4. 用20个资料袋装好;5. 下午4点之前复印好送到您的办公室。

然后再确认:

"不知道我刚才说的五点是否已经全面理解了您的意思,有没有遗漏,您还有没有别的补充?"

同样的方式可以用在任何接受任务的场合。其中,有两点需要特别提醒:

第一,"复述"要有条理,逐条说,这样不仅自己不乱,对方听起来也一清二楚。

第二,在复述完确认的时候,不仅要询问对方自己是否全面理解了他的意思,同时作为执行者,如果自己觉得对方还有考虑不周全的地方,也可以提出来,供对方参考。

(二)写下来,多用"手写备忘录",少用"脑写备忘录"

我们都知道,"好记性不如烂笔头"。"写下来"之所以重要,是因为它可以确保信息的明确、精准。光凭脑袋记忆,一是容易

第十三章 通过养成习惯学会自我管理

遗漏；二是时间一长、事情一多，就会出现混淆。

所以在工作中，我们要养成要多用"手写备忘录"，少用"脑写备忘录"的习惯。

但在现实工作中，很多人并没有意识到"手写备忘录"的重要性，因此导致了很多问题的出现。

一家饭店与一家旅行社有长期合作关系，每次旅行社带团过来都会入住这家饭店，双方一直合作得不错。但因为饭店值班经理的一次失误，导致了旅行社的不满，差点终止了两家的合作关系。

事情是这样的：

一天晚上，旅行社的领队带团入住了饭店，旅行团本来订好第二天坐飞机走，但因为天气原因，只能改坐火车。因为出发的时间提前了，所以来不及在饭店吃早餐，领队特意叮嘱值班经理准备好早餐，让大家带在路上吃。

值班经理马上答应了，但因为那天晚上饭店入住的客人特别多，他一直忙得应接不暇，等到想起来旅行社订早餐的事情时已经很晚了，他忙打电话给餐厅经理。

在说到是早餐还是午餐的时候，值班经理印象模糊了，他想了想，以前旅行社都是中午出发的，那么应该是午餐吧。于是他就这么交代给餐厅经理了。

第二天一早，领队去领早餐，结果餐厅没有准备。因为要赶火车，领队只能带着团队先离开了。游客本来就因为没坐上飞机而一肚子怨气，现在又得饿着肚子赶火车，都非常不满，纷纷埋怨领队，甚至有几个游客还提出要退费……

事后，旅行社提出要和饭店解除合作关系，无奈之下，饭店领导提出给予旅行社住宿费更多的优惠，才把事情给平息下来。

这就是过于相信"脑写备忘录"而忽略了"手写备忘录"带来的后果。

那么，如何才能让"手写备忘录"成为一种好的工作习惯呢？

其中很重要的一点，就是要养成随时带上笔记本并随时记录的习惯。

著名的《德胜员工守则》的日常守则第5条就规定：

"员工必须做到笔记本不离身。上级安排的任务、客户的要求、同事的委托，均需记录，并在规定的时间内落实或答复。自己解决或解答不了的问题应立即向有关人员反映，不得拖延。杜绝问题石沉大海、有始无终。"

并且针对工作时不带笔记本的情况，制定了具体的惩罚措施：每次罚款20元。

在上面的案例中，假如值班经理有随时携带笔记本的习惯，就可以将领队的要求记录下来，也就不会出现记忆的差错。

此外，具体的要求，还要用文字形式传达到有关部门。

不仅自己要有手写的备忘录，在对别的部门有具体的配合要求时，也不妨写下来，交给相关部门。就像上面案例中的值班经理，如果把客户的要求写下来交给餐厅，那么就不会出现信息传达的错误。

（三）说明白，不要让人产生歧义和误解

"问清楚"是为了避免听错，"记下来"是为了避免记错，那么"说明白"，就是为了避免表达错。

没说明白，对方就可能会错意，你说的是这个意思，他理解的却是另外的意思，这样一来，相互间的配合就可能出现错位。

那么，怎样才能"说明白"呢？

有一个简单的方法，就是学会说"一二三"。

尽管每个人都会说话，但仔细观察一下，就会发现一个有意思的现象：

工作中会用"一二三"的人少之又少。很多人说话总喜欢用"然后……然后……"来替代，但两三个"然后"之后，不仅说的人会开始糊涂——不知道讲到哪里了，听的人往往也是云里雾里。

因此，不管是汇报工作、谈判、布置工作还是总结发言，最好先说这次讲话的主题是什么，再说要分成几点来讲，最后再逐条阐述。这样能使我们的思维不再混乱，而是变得清晰、有条理、有重点。

学会讲"一二三"，归纳起来有三个要点：

第一，每一点说明一个主题。主题一定要鲜明，让人一看就

知道你要说什么。另外，要将最重要、别人最关注的点放在最前面，以此类推。否则就等于"把肉埋在饭里"，即使精彩别人也感觉不到。

第二，说明观点的语言一定要尽量简洁明了。能一句话说明白的事情，就不要用两句。

第三，要有详有略。除非有特别的情况和要求，否则，一次总结尽量不要说太多条，能突出三四个重点就可以了，都是重点反而会给人"没有重点"的感觉。

三、凡事有交代，件件有着落，事事有回音

"靠谱"，这是近年来职场中非常热门的一个词。靠谱的人，在单位最容易得到领导和同事的信任，还有人更是旗帜鲜明地指出："做事要找靠谱的人，聪明的人只能聊聊天。"

什么是"靠谱"？总结起来就是："凡事有交代，件件有着落，事事有回音。""靠谱"的人，不仅有很强的执行力，还有很强的反馈力，处处体现出对别人的尊重、对事情的负责。

（一）凡事有交代：良好职业素养的体现

对于一个优秀的员工来说，凡事有交代，是一种良好的职业素养。

第十三章 通过养成习惯学会自我管理

我们经常要到全国各地讲课,坐飞机就成了家常便饭。因为很多企业都是第一次去,所以接站对我们来说就非常重要。尽管绝大多数时候都不会有什么问题,但也曾经发生过司机忘了时间、结果让我们在机场里等了两个多小时的事情。

所以,每一次出差,我们多少都会有一些担心,尤其是到一个陌生的城市。

有两位企业培训部的负责人,让我们印象特别深。

一位是九阳股份有限公司的培训部经理李雅慧,她每次都会在我们上飞机之前,发一条短信:

"我已经安排××司机到机场迎接你们,他的电话是×××,他会提前到机场等,请放心!"

另一位是和泰(天津)投资集团的培训主管张敏杰。我们曾几次到他们企业做培训,每次在火车进站前 10 分钟,我们都会接到他的短消息:

"我已经到达火车站,在×××出站口等你们,你们不用着急!"

相信谁接到这样的短信,都会特别安心。虽然只是简短的几句话,却把事情交代得清清楚楚:将做什么,谁来做,具体怎么做。

其实,只要你所做的事情和别人相关,就需要有交代:我将做什么,要对相关的人交代;我已经做了什么,要对相关的人交代;我需要什么样的配合,要对相关的人交代。

（二）件件有着落：凡是交给你的事情都要有结果

所谓"件件有着落"，是指交给你的事情，每一件都要有结果。"件件有着落"，有三点需要特别注意：

第一，不仅自己完成，还要让相关的人知道你已经完成。

举个简单的例子，比如上级让下属一周内写出一份市场可行性报告。那么下属首先需要与上级沟通报告的内容；然后通过调研，写出报告；之后，通过 OA 系统将报告发给上级。

过了几天，上级问下属：报告写完了吗？下属回答说："我两天前就已经发给您了！"

这就不是"件件有着落"。真正的"有着落"，应该是自己完成后，要第一时间让相关的人知道自己已经完成了，并确认完成的质量和结果是否符合对方的预期。

在上面这个案例中，下属的正确做法是将报告发出后，及时通过口头、电话等方式告诉上级，让上级有时间阅读并提出修改意见。

第二，不要等到事情结束才汇报，而要做好阶段性沟通。

不管是领导安排的事情，还是部门与部门、同事和同事、单位和单位之间的合作，都不要等到最后才告知结果。尤其是时间长、涉及环节比较多、事情又比较重要的工作，更要懂得分阶段进行汇报和沟通，让对方及时了解自己的进度，或者让对方能够根据现实情况做出调整。

第三，没有把握的事，问好了再处理。

比如客户和合作者让你做某件事情，但你对这件事情能不能做、应该怎么做没有把握，那么可以先这样回答：

"这一点我现在也不是特别清楚，我马上问一下，您看我在下午两点之前答复您行吗？"

直接说"不知道"，会让对方觉得你在推脱，或者对他的事情不在乎，甚至是能力有问题。不如给自己留个时间，弄清楚、问明白之后，再给对方一个满意的答案。

（三）事事有回音：体现的是尊重和敢于担当

我们曾经多次给一些管理者做培训，在探讨哪类员工最不受欢迎的时候，有很多管理者给出的答案是：不懂得反馈、没有回音的员工。

其中一位管理者谈到了这样一件事，他们部门曾经招聘了两个大学毕业生。论学历和工作能力，两人不相上下，但他发现，两人对待任务的反馈态度却有很大的差别。

比如在部门的工作群中发布任务，A 员工往往要过很久才回复，甚至有时候需要问他是否收到了他才回复，而 B 员工则总是在第一时间回复"收到"，并且会加上"我会按要求完成任务"，如果有不明白的地方，B 员工也会及时地问清楚。

经过观察,他发现,反馈能力强的 B 员工,无论是沟通能力还是执行能力,都要胜过 A 员工,试用期过后,留下来的自然是 B 员工。

这位管理者说:"虽然只是简单的一句'收到',但体现是对别人的尊重,以及对任务的理解、接受和愿意承担。而一个连'收到'都不愿意回复或者没有意识回复的员工,我们还得花时间和精力琢磨'他(她)收到了吗?他(她)理解了吗?他(她)能做到吗?'这样的员工,怎么能够让人放心,又哪来的发展机会!"

这位管理者的感受很有代表性,在职场中,反馈的确很重要,越懂得反馈的人,工作越顺利。

养成"事事有回音"的习惯,我们可以把握以下四个原则:

第一,事事必回复。不管是领导、同事、客户还是合作方交给你的事,都一定要养成每事必复的好习惯。

第二,反馈要及时。事情做完了,要第一时间告知对方;事情没做完或者没有做成,也要第一时间告知对方,并说明原因是什么,让对方能够及时做出调整和安排。"及时"的原则是:除非有特别说明或者事先就约定了回复的时间,一般当天交代的事情,必须当天就有回复。

第三,反馈要真实。做到什么程度就是什么程度,一定要如实反应,不要虚报,这样对方才能心中有数,并且根据具体情况做出相应的调整。

第四,反馈要具体。比如,已经完成了多少、还有多少没完成，剩下的工作还需要多久完成；或者遇到了哪些具体问题，还需要对方提供哪些支持和帮助。

四、让"无条件积极"成为习惯

在职场中，很少有人能够一帆风顺，总会碰到这样或那样的问题。但不管面对和经历的是什么，我们都要保持乐观的心态，做自己的发动机，让"无条件积极"成为一种习惯。

（一）不管条件多么不如意，都要保持阳光向上的心态

进入职场，难免会有起起伏伏，既会经历高峰，也会遇到低谷。在低谷的时候，尤其要保持阳光向上的心态。而转机往往就藏在积极的心态中。

著名主持人汪涵刚到湖南卫视的时候，做的是剧务。当时剧务组只有两个人，另外一个后来也成了著名的节目主持人——李维嘉。尽管干的是杂活，但他们却觉得自己是最快乐的剧务。每天往演播厅扛椅子的时候，两人就想：今天扛的这把椅子可能是毛宁坐过的，那把可能是林依轮坐过的。

除了扛椅子，汪涵每天还负责给现场的观众发礼品，比如卤蛋粉、电灯泡、水龙头、面条、酱油，做这些的时候，他都特别开心。

后来他当了现场导演，除了活跃现场气氛，还要带领全场观众一起鼓掌。每次他鼓掌都特别卖力，是鼓得最长、最响的那个人。有次台长到现场看节目，让他伸出手给大家看，手掌特别红。台长于是对其他人说："你们看，这位现场导演多么投入，鼓掌多么卖力。"得到了台长的肯定，他当时特别快乐。

没多久，他主持了台里的内部晚会，反响不错。后来台里有一档《真情》的节目，女主持人缺一个搭档，台长推荐了他。就这样，汪涵当上了主持人，并开始在舞台上散发自己独特的光芒。

对于自己的这段成长经历，汪涵这样说道："不管是什么情况，我都接受……如果今天所有的一切都不如意，赶快在内心鼓掌，因为你的机会来了。"

之所以能够把不如意看成是机会，是因为在汪涵看来，面对困难无非是三点：度过了这个困难，你有度过困难的智慧；你面对困难，你有了面对困难的勇气；你绕过困难，你有了绕过困难的狡猾。

抱着这样的心态，那么不管遭遇什么，都能够看到积极的一面。而汪涵正是因为有这样的积极心态，让台长看到了他与众不同的地方，愿意给他机会尝试。好心态必然会带来好运气，这就是"无条件的积极"最重要的价值。

（二）不因别人脸色改变积极态度，而要以积极
态度改变别人脸色

很多时候，我们拿到手里的并不都是好牌，甚至是很糟糕的烂牌，但"无条件积极"能够让我们不管面对什么，都不会因为别人的脸色而改变自己的积极态度，而是用积极的态度去改变别人的脸色。

林文贵出生在台南一个普通的家庭。23岁那年，只有高中学历的他进入一家公司卖韩国现代汽车。

家人和朋友对此都不看好，因为他拿到手里的，是一副烂得不能再烂的牌：现代汽车当时在台湾的销售量倒数第一，在顾客中的满意度排名倒数第二；他服务的公司连续多年亏损，能给业务员提供的资源少得可怜；销售网点在很偏僻的地方；150多位业务员纷纷跳槽，只剩下他和20多位留了下来。

刚开始，他经常遭到顾客的冷眼和拒绝，有的甚至签约后又变卦。但他却一直激励自己：

"好卖的车，谁都会卖。但卖别人不想卖的车，就很少有人跟我抢客户，我就有更多机会。"

在他看来，什么都是好的。别人觉得现代汽车的品质不好，他却觉得现代汽车"有法拉利设计师设计的流线外形，使用的是奔驰发动机"；愿意买现代车的客户少，他说客户少才能提供更好

的服务；公司连年亏损，给客户的礼品配额很有限，但他却觉得"这样我们才能更仔细地选择真正会买车的客人……"

抱着"拒绝9次都不放弃"的信念，他赢得了很多客户的信任，2005年，他卖出了205辆现代汽车，创下了台湾有史以来年度最高汽车销售纪录。他也因此被誉为台湾"销售天王"，并成为第一届《商业周刊》"超级业务员大奖"的金奖获得者。

评委给他的评语是：

"他就像生长在悬崖上的兰花，没有土，没有水，悬崖上的风还很大，自己却从细缝中活出精彩。"

凭着"无条件积极"的心态，林文贵将最不好卖的车卖出了最高的销售量。其实，对于有着积极心态的人来说，无所谓好牌和烂牌，拿到手里的，都是好牌，关键在于怎么去看待。就像在别人眼里满是缺点的现代汽车，在林文贵看来却全是优点。

"翻转一面是天堂"，好心态是最宝贵的财富，而且取之不尽、用之不竭。

养成"无条件的积极"的习惯，我们无论面临怎样的困难和困境，都能够无所畏惧、勇往直前，创造自己都想象不到奇迹！